我的小说家修炼法

[日]大江健三郎 —— 著
王成 译

中央编译出版社
Central Compilation & Translation Press

图书在版编目（CIP）数据

我的小说家修炼法／（日）大江健三郎著；王成译. —北京：中央编译出版社，2019.11
ISBN 978-7-5117-3738-0

Ⅰ. ①我…
Ⅱ. ①大… ②王…
Ⅲ. ①大江健三郎（1935－） －自传
Ⅳ. ①K833.135.6

中国版本图书馆 CIP 数据核字（2019）第 196586 号

WATASHI TO YU SHOSETSUKA NO TSUKURIKATA
by OE Kenzaburo
Copyright © 1998 OE Kenzaburo
All rights reserved.
Originally published in Japan.
Chinese (in simplified character only) translation rights arranged with
OE Kenzaburo, Japan
through THE SAKAI AGENCY and BARDON-CHINESE MEDIA AGENCY.

我的小说家修炼法

出 版 人：葛海彦
出版统筹：贾宇琰
责任编辑：朱瑞雪
责任印制：刘　慧
出版发行：中央编译出版社
地　　址：北京西城区车公庄大街乙 5 号鸿儒大厦 B 座（100044）
电　　话：（010）52612345（总编室）　（010）52612341（编辑室）
　　　　　（010）52612316（发行部）　（010）52612346（馆配部）
传　　真：（010）66515838
经　　销：全国新华书店
印　　刷：河北下花园光华印刷有限责任公司
开　　本：880 毫米×1230 毫米　1/32
字　　数：88 千字
印　　张：5.25
版　　次：2019 年 11 月第 1 版
印　　次：2019 年 11 月第 1 次印刷
定　　价：35.00 元

网　　址：www.cctphome.com　邮　　箱：cctp@cctphome.com
新浪微博：@中央编译出版社　微　　信：中央编译出版社（ID: cctphome）
淘宝店铺：中央编译出版社直销店（http://shop108367160.taobao.com）
　　　　　（010）55626985

本社常年法律顾问：北京市吴栾赵阎律师事务所律师　　闫军　　梁勤
凡有印装质量问题，本社负责调换，电话：（010）55626985

目 录

第一章　水滴中存在另一个世界　／ 001
第二章　那么，好吧，我下地狱　／ 017
第三章　叙事，即如何叙述的问题　／ 033
第四章　在诗人的引导下　／ 049
第五章　我长期寻找这个方法　／ 064
第六章　引用之中有力量　／ 079
第七章　从森林节日的搞笑谈起　／ 095
第八章　成为虚构装置的"我"　／ 110
第九章　复活的浪漫主义者　／ 126
第十章　小说家的生与死　／ 141
小说家是如何炼成的？
　　——大江健三郎《我的小说家修炼法》
　　译后记　／ 156

第一章　水滴中存在另一个世界

1

我写的文字当中，最早变成铅字的大多是本文后面所列的那种"诗歌"形式。如果有学者能够查到战败后在中国①、四国一带销售的国语教育小册子之类的资料，这首"诗"也许会被找到。但是，我认为那样的研究没有意义。在《大江健三郎小说》中也只收录了我理想的作为小说家成名以后，我认可的作品。我不希望自己死后连断简零墨、只言片语都编辑到全集中去，打算以此作为定版。在此，我明确提出编辑全集之前，如果我还能写出几篇新的小说，就作为这个版的补充加

---

①　全称叫"中国地区"，日本中部五个县，包括冈山、广岛、山口、岛根、鸟取所占据的地域。——译者注

进去。这是基于我对**作品**的思考而做出的决定。

那么,如果做过实际调查的人指出印出来的诗歌和下文引用不一样的话,我也会强调:记忆中,年幼的自己看到寄来的小册子,发现自己的作品被旧制中学的老师或者编辑修改过,非常生气。本来没有请他们修改,却被他们改得很平庸,这种**平庸化**是多么伤害自尊心很强的少年诗人们,使他们对诗歌和作文持有厌恶感?如果他们不清楚修改的依据,在追问之下,又不能做出解释的话,他们的行为就是犯罪。

雨滴中,
映照出风景。
水滴中,
存在另一个世界。

除我之外,还会有许多少年写出我这种构思的"诗歌",而且比我更巧妙地刻下更有个性的**标记**。我早已对自己的诗歌才能不抱希望,但是,这首诗对我来说,之所以难忘,是因为我觉得其中展示了少年时代的我面对现实的态度,甚至可以说是我世界观的原型。事实上,我创作了这首"诗"以后,一直把**水滴**中的另一个世界——也意识到其中映现出自己存在的世界——写进文章里。

现在，每当我真实地描绘自己的少年时代，脑海里就会浮现出一个把脸靠近被雨淋湿后散发着清香的柿子树枝、凝视着树叶上存留水滴的身影。那是一个茫然沉默的孩子。尽管我平时很爱说话，那甚至成为村子里孩子疏远我的主要原因……

我写柿子树枝的时刻，便会形象地恢复了对那棵特定柿子树的记忆。从我家旁边沿着主干道向河边走，有一条铺得稀疏不齐的圆形石头的窄小坡道。沿着叫作"sedawa"[①]的坡道往下走，来到一块狭窄的农田边，如果下雨的话，河水泛滥，这里就会变成河床。在田边地头首先看到的是一棵低矮的柿子树。

我清晰记得，是那棵老树长着水灵灵的嫩绿叶子的季节，我注视着柔软的淡绿色的叶丛，有了一个发现。在我的一生中，这个发现影响了我对自然的看法。

那个早晨，我罕见地起了个大早，来到河边。我不仅看到了从东边树林上方直接照射的阳光，看到了河面上反射上来的光线，也看到了金黄色大气中的柿子树叶。现在回想起来，按说当时的我早已厌倦了山谷中的风景和人情世故，对于身边的事物不可能想到用金黄色

[①] 大江健三郎的家乡爱媛县内子町的方言，意思是宽一米左右的过道、胡同。——译者注

这样的形容词……

总之，我沿着"sedawa"去河边是为了观察朝阳映照着露珠的柿子树叶。其中有一个特别的理由。前一天的晚上，我在国民学校校园旁边一块杂草丛生的空地上看了一场露天电影。战争新闻和漫画之后，放映的是谁都不感兴趣的"文化电影"。为理科教学拍摄的短片电影中的一个镜头引起了我的兴趣。画面是缀着花朵的樱花树枝的特写。刹那间，我被吸引了过去。整棵小树枝还有花朵和叶子都在不停地颤动，一刻也没有静止……

我看着电影，就产生了抵触情绪，心里想：不可能是这样的。尽管看上去，画面是以草原为背景拍摄的，但是，并不像刮风时的情景。这是为了呈现电影拍摄的是花朵和叶子——也就是说，不是幻灯之类的静止照片，大概是摄影助手特意摇晃的吧？但是，我也并非确信，只是心存疑问。

于是，第二天早晨，离上学的时间还早，我马上就去近距离地，也就是从昨晚电影中摄影机的位置，观察映照在阳光中的柿子树枝。柿子树的嫩叶在无休止地摇动！可是，我的脸颊完全没有感觉到有风……

我就像一个洗心革面的人，从此以后，养成了目不转睛地注视自己生活圈内的树木、花草细微之处的习惯。我每次都会看到小树枝在摇动、草叶在摆动。

的确，全都不是静止的。我惊讶自己反复意识到自己迄今为止并没有认真观察过自然界中事物的细节。我并没有好好注视过自己周围的一草一木！在受到电影摄影机的启发之前，我生活在被十层二十层树木所环抱、不踏过青草就寸步难行的土地上，却什么都没有看见……

　　毫不夸张地说，这次经历使我受到的影响几乎改变了我的生活方式。很明显，我以不断摇动的柿子树叶为线索发现了覆盖山谷的整个森林。如果我们**平时不仔细观察的话**，一切都是无足轻重的，那就是死去的东西。既然这样，眼下我就不能不注视一草一木。于是，我成了一个经常被周围所吸引而心不在焉的少年，因此被国民学校的校长盯上了，几乎每天都挨揍。尽管如此，我也不想改变自己生活的新习惯，于是，战争结束后，经过对**水滴**的一段观察，就写下了自己一生中最初的"诗"。

2

　　战争期间，村子的节日庆祝活动和盂兰盆节都停止了——不知是政府禁止还是民众自发不再举行——所以，下面的记忆明显源自战后。我被一首合着盂兰盆舞蹈节拍演唱的歌曲吸引住了。那既不是播放的唱片，也不是业余歌手通过麦克风模仿收音机广播唱出来的，那个节奏陌生的小调儿给孩提时代的我留下了深刻的印象。平日里不显山不露水，抑郁寡欢，总是低头从大街上经过、略显苍老的农夫——那个时代农村人衰老得快，他也就才四十岁——登上临时舞台放声歌唱的音调引起了我的兴趣。

　　理由很简单，因为我反复听到一个OKOFUKU①的名字。那是战争期间和父亲一前一后相继去世的祖母在自己的房间里用刻花玻璃杯喝红葡萄酒时，给我讲述的故事中的人物。故事情节只是一些片段，所以能够激发我勾连故事的想象力。OKOFUKU是本地农民起义故事中一个无法无天而且非常可爱的人物，用我后来遇到的语言说就是一个小丑。

　　盂兰盆节的第二天，我在面朝街道的家门前，等候昨晚的歌手从"在"②出来。一看到依然像往常那样低头走在街上的农夫，我就跟他打招呼，可是他没有理我，我就跟在他身边，边走边问他有关赞颂OKOFUKU的歌。开始，他用怀疑的眼神低头看着我，并没有正面

---

① 传说中四国一带的农民起义领袖。——译者注
② 村庄的名字。——译者注

回答。幸好，他是父亲生前来我家缴纳结香树皮和栗子——在我家，那称为**山货**——的人之一。可能是这个原因，他告诉我，他唱的歌词是"说唱"的一种，是山谷里的人创作的。而且还说，村公所里也许还存着印刷好的"说唱"歌词。因为十年前——也就是战前——有人做过调查，留下了他们集体创作完成的小册子……

于是，一门心思到处奔走的我终于找到了那本誊写版印刷的小册子！"说唱"不仅读起来难懂，还净是查词典也不明白的语句。那的确是关于当地的**骚乱故事**，讲述了以OKOFUKU为首谋的暴动。但是，故事的内容怎么那么贫乏。在孩提时代的内心里，我反而把那种一直重复的短句，甚至谱上曲子进行歌唱的形式，认为是自己家乡文化低俗和狭隘的表现。至今还能清晰地想起那种索然无味的感觉。

想来也是可以理解的，明治维新前后，在这块土地上曾经发生过两次农民暴动，都受到残酷镇压。那些参加者的后裔们伴着太鼓的旋律，边舞边唱，把基于叙述事实的关键词连在一起表演的"说唱"，是为了重新感受一遍祖先的高昂情绪……

但是，战败的那一年或者翌年的初秋，在广场上跳盂兰盆舞的大多是从战场或者兵营里回来的青年和迎接他们的姑娘，并非表达OKOFUKU暴动的高昂情绪。后来的盂兰盆舞因为唱片和喇叭的设备得到改善，临时舞台上再也看不到用自己的声音表演"说唱"的农夫了。但是，整个山谷和"在"只有一个内心深处被 OKOFUKU 的"说唱"和暴动的故事打动而感伤的少年，那就是我！

况且，我通过油印的小册子弄清了"说唱"的意思，对其 OKOFUKU 的叙述方法感到不满。也许，原本小册子记录的"说唱"都大同小异，所以，表现形式基本相同，我却看作"讲述"OKOFUKU 的一个缺陷，不过是把责任推给了叙述方式而已。

总之，如果用我现在的语言来表达令我当时不满的原因，应该是这样的："说唱"由两部分组成，首先，前半部分作为他身份认同的证明叙述了 OKOFUKU 这个名字的来历，后半部分用静止的印象如同活人画①那样表现了暴动的精彩场面。但是，OKOFUKU 是如何成为叛逆者的？暴动过程中如何迎来转机，作为团体的领导者又是怎样陷入致命的悲剧当中的？作为故事情节，这一切皆没有叙述。

然而，在祖母讲述 OKOFUKU 的故事中，尽管还是片段式的，但是完全具备了故事的节奏。而且，故事把我们当地的各种具体的固有名词像跳垫脚石那样摆了出

---

① 日本明治、大正时代流行的一种娱乐活动，化装的人在背景前摆出某种静止的姿势，看上去像一幅人物画。——译者注

来。除去OKOFUKU以外，祖母的故事中还不断地出现一些滑稽的小角色。她还会指名道姓地讲出这些人物的后裔就住在村里的哪座房子里。

所以，我就像看电影或者看戏那样——我读过的童话和小说中没有这样的故事情节——顺着故事的发展过程去想，OKOFUKU这个无法无天的人是如何诞生，如何积累经验，如何顺应社会风潮，终于成为暴动的先锋，最后遭遇灭顶之灾，成为典型的牺牲者。所以，我就对"说唱"中没有叙述这些情节而感到不满。

后来我才想到，作为神话中英雄故事的叙述方法，叙述名字的来历和突出其一生中最具象征性的一瞬间，这种"说唱"方式也许可以说是有代表性的。而当时我感到最有魅力的正是叙述手法。因为这个原因，我虽然有那样的不满，但是，有关OKOFUKU"说唱"却铭刻在我的记忆中。而且，我在少年时代已经用自己的叙述方式按照时间顺序开始叙述OKOFUKU的故事，从此以后，一直不断地在叙述。

实际上，少年时的我曾经在听众面前讲过OKOFUKU的故事。有一天，在那个小作坊前朝阳的地方，那是为了往内阁印刷局运输方便——明治以后产生的**局纸**这个词就源自这个政府部门，我们家曾经向这个部门缴纳过用结香造纸的原材料——而把晒干的结香树皮打包成捆的地方,我给包括自己的弟弟妹妹在内的比我岁数小的孩子们讲了 OKOFUKU 的故事。我讲的故事是把祖母的话和基于"说唱"的历史依据结合在一起,重新按自己确信的时间上排序。故事制造出让听众近乎狂热的气氛。我真实感受到在悲剧性的故事情节中,起到滑稽作用的几个小人物的点描发挥了很好的效果……

联想到第二天孩子们还会聚集起来听我讲 OKOFUKU 的后续故事,我信心十足——因为曾经发生过两次农民起义,所以,该讲的故事很多。我记得那好像是春假或者暑假。可是,前一天听得津津有味的孩子们再也没来,弟弟和妹妹也好像有意回避我跟他们搭话。

这样,我的故事在山谷村庄只获得一天的人气就结束了。从此以后,直到今天,在我的故事里,再也未能复活这个土地上曾经有过的狂热。

3

我真正对自己身边的事物——那就是周围的森林、山谷以及远处山峦叠嶂高低起伏等等——产生关注就是为了解决**文化电影**所引起的疑问,第二天,通过观察河边的柿子树叶得到解惑的时刻,那是我一生中并非经常出现的特别瞬间。而且,我从来没有与由此获得的地点背道而驰。也就是说,我决不采取实际上什么都没看到的方法来观察植物或者风景。

虽然,在没有通过电影镜头中的植物获得新的发现之前,我没有认真观察过山间村庄的事物,这的确是事实,但是,我和这些事物生疏吗?显然并非如此。就像在鸡蛋壳中与其共同生长一样,我个人的自我轮廓与事物的轮廓是互相渗透的。因此,我没有把事物作为对象来仔细观察,我觉得对那些事物非常熟悉也就没有仔细地重新观察的必要。但是,外面的风吹进壳中,在我和事物之间制造了**缝隙**。我和事物之间相互渗透的轮廓缩小,各自清晰地收缩在一起,变得坚硬。这种分离作用的机缘来自森林外部作为异物的机械,也就是摄影机。这的确具有象征意义。

我从祖母那里听到像歌谣一样的 OKOFUKU 故事,在广场的昏暗处以"口述"的形式再一次听到,重新从誊写版或者印刷品中读到,由此,自己也进行讲述,这一连串的经历就是我和语言新关系的建立——语言新功能的发现。作为一个小说家活到现在,即将步入老年,我重新读到威尔士诗人托马斯(R. S. Thomas)关于梦中的土地阿巴克瓦格(Abercuawg)所做的著名讲演中的一节。(R. S. Thomas "Selected Prose" Seren)

在语言学领域，有一种新理论认为，正因为语言，事实本身才有秩序，才会变化。决定人生过程的未必是事实，而是语言。语言具有不可思议力量的事例就是神话，即人类用直接的方法创造出比毫无特色的事实更能传达事实的、形象和象征的能力。把这种能力命名为什么呢？对于大多数人来说，那就是想象力。但是，危险的是，对于绝大多数的人来说，想象力是虚构的同义词。为了理解其真正的意义，就必须研究英国诗人和评论家柯勒律治（Samuel Taylor Coleridge）的工作。

关于托马斯所说的许多人把想象力和非真实混为一谈是具有危害性的，在我的体验里，尤其对于其**危害**的程度刻骨铭心。那就是森林中的山谷村庄里一个年幼小说家的受难故事。

我作为少年所经历的时代，生活环境完全是变幻莫测、不可思议的氛围。幼年时期，不仅是国家，就连城市与我的生活环境也无任何关联——那并不仅仅是幼年时代自己的感受。按尼采式的说法，我能够感受到由现在时扩展到无限的过去时，极其缓慢变化的历史还在延续，在这样的气氛中，扩展到未来的无限时间里，这样的气氛基本不会变化。基于这种舒缓的情绪——我觉得自己永远是一个幼儿——在厢房的那个舒适的空间里，盯着刻花玻璃杯中那一直闪光的葡萄酒，我沉醉在祖母讲述的OKOFUKU故事中。

那似乎自然令人感觉到刚刚发生的事,与现在相关联的明天或者后天依然会发生的事——并非是再来一次,而是可以称为神话式的一次性,只要发生一次的事,就可以无数次地发生——是具有意义的。当然,通过祖母的语言才感受到,那是作为一次性的事件刚刚发生的。而且,的确,那令人深感怀念,我对故事中以"OKOFUKU"为代表的人物了如指掌。如果用电影镜头来比喻的话,就像通过特写镜头近距离地关注人物一样,起义的农民从河上游的竹林里砍伐竹子做成竹枪的画面,就像从环绕山谷的半山腰用望远镜头俯瞰一样。后面的画面,在很久以后,就像回忆起实际看到的情景那样出现在我的梦中。

太平洋战争发生的那一年,我进了国民学校。我所讲述的"OKOFUKU"故事除去在捆包结香树皮的小作坊前取得成功外,同学和老师都认为我在说谎,我受到排斥。谎言!? 谎言难道不是把我们身边现实发生的日常性的事件讲述得与事实相反吗?我感到茫然。本来我所讲的都是与现实无关联的话题。与事实完全无关的语言编织出的故事和神话才是问题,可是,把细节跟眼前的事实一一对照又将怎样呢?可是,没有同学也没有老师和我一起体会语言的乐趣和想象力的喜悦,我只是被当成说谎的孩子被孤立起来。要说我是因为害怕孤立而变成一个沉默寡言的孩子,其实不然。我是一个总是在寻找新的听众而不安分的孩子。

事实上,在我的生活环境中经常出现可以成为新听众的人们。在森林中的山谷里曾经发生那个时代唯一成为可能的事件。我升入设在山谷里的新制中学①,没有吸取以前的教训,又一次想给来自山里——按照母亲的称呼叫作"在"——的同学讲从祖母那里听来的神话,他们以断然否定的态度回敬我说:真不明白你为什么要讲这些没有事实根据的故事呢?

相比而言,我倒觉得战争末期,疏散到村子里来躲避战火的城市孩子那种想听一听未开化种族的人吹牛的心态,反而容易接受。

在地方城市度过的高中生活和东京度过的大学生活,每到一个新的环境,我清楚自己的故事不会有人爱听,但是,我还是忍不住要讲述从祖母和母亲那里继承过来的森林中山谷里的神话故事。所到之处,我受到的评价几乎相同,我被看作一个滑稽的爱讲故事的怪人。因为这个缘故,后来,我参加外国举办的会议或者研讨会,和新认识的人共同生活时,我并不渴望被接纳,也

---

① 日本按照1947年颁布的新学校教育法设立的三年制中等义务教育学校。——译者注

没有被别人疏远的烦恼。

4

现在回想起来，对于那个绝对不会被听众接受从祖母和母亲那里听到并记下来的故事，却不停地讲述的少年、青年来说，那样的日子不可能不郁闷。即便这样，我能成为一个绝不气馁、悠闲自得的青年，大概是因为另外一个世界在我的心中投下了浓厚的影子。也就是说，我确信自己身上具有真实的、丰富的想象力。"水滴中/存在另一个世界。"

的确，我曾经是一个长时间凝视着聚集在柿子树叶上的雨滴沉思的少年。尤其是从新制中学到高中阶段，我是一个想修物理学——自信是一个理科方面的人才——的少年，虽说是学习理科，但也热衷于对摇动的柿子树叶上映射出另一个世界的雨滴的观察，倒不如说这样的观察训练了文科方面的想象力。我开始了漫无边际的梦想。也就是从那时开始，我在读书上花了很多时间，我意识到自己作为一个读者致命的缺陷，即仅仅才阅读三四行就立刻沉浸到幻想之中。

那不仅仅是阅读小说时，书中的故事和人物会使我产生幻想。不管是生物学读物还是天文学史的启蒙读物，我都会因为其中的一个词语，回到祖母讲给我听的故事中去，回到当地的——为了证实故事的背景我曾经进入森林里调查的——神话世界。语言把我从现实驱离，然后，放逐到想象力的世界中……

尽管追逐在自己灼热的大脑中引起连锁反应，不断编织出语言的过程是安全的，但是，一旦把这些语言对着别人说出口，我就会被当成不长记性的撒谎者，明显成为人格被攻击的对象。于是，我逐渐把那些想象的语言写在纸上或者印刷出来，变成一个正在阅读同样故事的读者，这一切几乎都是被逼无奈的。

第二章 那么，好吧，我下地狱

1

学外语的目的首先是为了与和自己说不同语言的人交流。然而，开始在村里成立的新制中学里学习英语的时候，我没有交流的对象，也就是说，不可能遇到外国人。在镇上的高中学了一年后转学到松山，学校有一个英语社团，目标是直接用英语和美国人交流，这个社团里的优等生个个意气高昂，我却觉得他们很肤浅。

我为什么产生反感呢？究其根源，对于森林中山谷里长大的孩子来说，**战后**出现的情况虽然表面清晰明了，一旦探寻其深层，就会触及复杂的内情。产生反感的动机，起初来自这样的事件，因为我不只一次写到这件事，所以，在此简单提一下。

当收音机里传来一直作为神的天皇的声音宣布战败的那一天，还有其后的数日，我们生活的森林中也充满了悲壮的气氛，这是事实。可是，当盟军士兵，主要是美国兵驻扎进来后，我们内心虽然还有恐惧感，但是，很快就变成一种看热闹的期待心理。

从战败日算起还不到一周，战争期间，村里最狂热的军国主义鼓吹者是教务长——我现在还能想起长相的国民学校教师只有总是体罚我的校长和教务长，他把全校儿童集中到操场，让大家练习喊："Hello!"他显示出一种要做一件新鲜事的喜悦表情和腼腆姿态，跟大家讲：明天或者后天，进驻的士兵就会乘坐一种叫作"吉普"的车来到山间。我们要大声喊"Hello!"欢迎他们。

对于就这样开始向我们的土地传播的英语，即便是孩子也不可能乖乖地跟着学，难道不是理所当然的吗？很快，村里就成立了新制中学，规定用"Jack and Betty"系列教材进行英语教育。即使在教室里，我还有练习"Hello!"时的感受，所以，意识到不能乖乖地听老师讲。

但是，另一方面，我对自己不熟悉的语言有一种强烈的向往。我的天性是对像碎片一样的外语词句即使偶然听到也一生都不会忘掉。况且，我非常迷恋从外文翻译过来的儿童读物,对于那些翻译之前的书写语言的向往愈加强烈。我和外语——首先是和英语——的相遇竟是如此扭曲。

说来也许前后矛盾,我的确也曾经和英语幸福地相遇。正如所有的幸福邂逅都是一样的,尽管也掺杂着一些无法回避的不幸。这在今天也被看作战后之初全国出现的新教育趋势的一环,我遇到了一位确实给我指导过的青年。这位旧制高中生患结核回到山谷里养病期间,因战败,旅顺的母校消失了。他给了我一摞天文学和科学史的书籍,同时,我还得到了研究社出版的几册对译丛书和一本最薄的简明词典。

虽说是最薄的,但是,英语词典在当时极为珍贵。有一句话叫作"**赤身入狼群**",如果那本用印第安纸印刷的书被山谷里的大人看到,马上就会有几只粗壮的手伸过来,拿去卷烟抽掉的。

除了野尻抱影(1885—1977,民俗学家。译者注)、山本一清(1889—1957,日本天文学家。译者注)的星相书,还有一本日语译名为《穿越时间和空间》的书,这些书使我的想象力从以山谷地形为原型的水平空间——尽管很狭窄——向着无限的垂直空间展开。还有一本是阿道斯·赫胥黎(Aldous Huxley)——因他的作品我喜欢上未来小说——的哥哥朱利安·赫胥黎（Julian Huxley）所写的关于蚂蚁的书。

与之不同，但同样值得重视的是英日对译的袖珍本，我立刻想到兰姆（Charles Lamb，1775—1834）和吉辛（G. R. Gissing，1857—1903）的名字。还有给我留下反差很大的奇妙印象的是《爱丽丝梦游仙境》。书中的插图又关联到布莱克和狄更斯的版本，成为我爱好英国制版技术的源头。我被书中那些善良可爱甚至扭曲的人物所吸引。孩子的能力是有限的，我读完日语翻译，又读原文——结合阅读记述简单而数量颇多的脚注也是乐趣，现在我依然保持着对注释的偏好——反复通读。可是，我并没有喜欢上路易斯·卡罗尔（Lewis Carroll），因为《爱丽丝梦游仙境》给我的印象是这部作品属于城市上层社会。明显受到这部作品深刻影响的安部公房就出生于这样的家庭，他的父亲是医生，母亲曾经出版过小说。喜爱宫泽贤治的人也如此——虽然现在的我毫不犹豫列举日本近现代文学最好的作品就是宫泽贤治的作品，但是，每次遇到儿童时代就非常喜欢宫泽贤治的同龄人，我就会认为他（她）们一定是在受过城市中产阶级教育的家庭中长大的。

就这样，帮我养成主要靠自学阅读英文书籍习惯的青年，的确是给我带来巨大幸福的老师。但是，当这个青年被聘为新制中学的临时英语教师，成为我的班主任时，问题就出现了。他用了一学年的整个学期教我们学英语音标。直到现在，对于英语词典的音标知识，我了如指掌，但是，具体如何用自己的声音去发音却一无所知。

我一边在教室里接受偏颇的初等教育，一边凭借小小的词典，阅读对译丛书。不光是《爱丽丝梦游仙境》，还有好几本别的书。因此，我转学到松山的高中时，听到在音标方面远不如我，连一本英语书都没读完的优等生们吹嘘修学旅行时和当时被称为占领军的GI（美国兵）搭讪，我不禁感到他们很肤浅。如果从书上选一个词或者一个句子给我，哪怕是"ʃ""s"或者"θ"，我都能准确地写出音标，但是，即使单个音，我也不会像美国人或者英国人那样发音。也许正因为这样，去批判那些没有查词典认真读过一本书的家伙讲英语——活跃在英语剧和辩论大会上——肤浅，从而保持了孩子般的内心平衡。

另外，在松山还有一座令人感到幸福的图书馆，与学校的英语教育不同，它培养了我对英语的兴趣。在图书馆里，我遇到了少年时代最吸引我的《尼尔斯骑鹅旅行记》和《哈克贝利·费恩历险记》两本英语书。

2

包括图书馆在内的那座建筑被称为"美国文化中心"。它位于城堡山脚下的护城河边上,二楼是宽阔的开架式图书室,宽敞的阅览室里摆放着高档的桌子和椅子。一群高中生经常来这里——我们从东到西横穿市中心步行到这里,是为了节约电车费——是为了在这舒适的空间里准备大学的入学考试。第一次我也是以此目的去的,但后来我发现了属于自己的另外一个目的。图书馆里有好几本英文原版书,我以前读过日译本,有的还是很粗糙的摘译本,每次去那里我都会读上十几页。

把图书馆作为准备大学考试的场所,约我一起去的同学都是出类拔萃的优等生,没有人对文学感兴趣,也没有人干预我悄悄地读这些书。他们看到我着迷一样阅读《哈克贝利·费恩历险记》——现在看来是多么奢侈的版本——会觉得我有些孩子气。说到奢侈,"美国文化中心"是在多么随意的监督下挑选图书送到日本来的,对此有据可查。美术图书的书架上摆着豪华版的研究印刷术和特殊印刷的书,卷末附有米罗和本·沙恩(Ben Shahn)的版画,上面的铅笔签名清晰可见。

有一次，我在经常光顾的旧书店里听到店主和一位来卖书的常客商量从"美国文化中心"盗出画册的话题后，马上返回中心，把刚才看过的大书转移到摆放机械工学和医学大型书的书架上。那还是从美军设施中偷盗可以以英雄的口吻大肆宣扬的时代。我感到那么精美的书**被日本人**偷走是不合适的，当然我也不认为被美国人偷走是应该的。

优等生们自然毫不掩饰地嘲笑我的执着，我并不具备读完任何一本英语书的语言能力。但是，从战争期间到战败，书籍很少的时代，有几本书我反复阅读过几遍，而且，都能记住。尤其几乎完全背诵下来的有《哈克贝利·费恩历险记》和《尼尔斯骑鹅旅行记》两本。因此，我很快就明白塞尔玛·拉格洛芙（Selma Lagerlof）作品的这个日文译本确实省略了许多，尽管如此，我还能够查着字典读完漏译的部分。至于马克·吐温的作品，在我阅读的时候，从旁边夺过去看到封面的优等生冲着我发出充满优越感的微笑：你在读这样的儿童书？尽管译文都已经背诵下来，但切身认识到复杂的英语和高超的叙述手法的我能够坦然应对，并没有受到伤害。

那是因为这本书的翻译早已经铭刻于心的部分，我再次在原著中读到时的喜悦是非常深刻的。我马上以这一页为重点,把好几页都抄写到笔记本上,然后,按原文重新背诵。现在我把背下来的部分写下来。第一段文章是哈克写信向奴隶主瓦特森密告自己的朋友(逃跑的奴隶)吉姆之后的感想。另一段落是意识到不能背叛朋友,决心把信撕掉的部分和接下来付诸行动的部分。

I felt good and all washed clean of sin for the first time I had ever felt so in my life, and I nowed I could pray now.

我对美国孩子犯这种动词活用的错误觉得很有趣——同时,也意识到有修养的作者是故意这样写的——我尽管知道此处哈克的心理状态是临时的,马上就会颠倒过来,却被"只要心清静下来,现在也可以祈祷"这一哈克的想法所吸引。

我清楚记得第一次读到这段译文是在十岁之前——也就是战争期间——从此以后,这段话就铭刻在我的心中。尽管如此,我曾经是一个意识到怎样的罪恶、打算洗涤污秽、去祈祷的孩子呢?

It was a close place. I took it up, and held it in my

hand. I was a trembling, because I'd got to decide, forever, betwixt two things, and I knowed it. I studied a minute, sort of holding my breath, and then says to myself:

"All right, then, I'll go to hell" —and tore it up.

It was awful thoughts, and awful words, but they was said. And I let them sty said;

and never thought no more about reforming.

长期以来,我最喜欢读的是旧岩波文库版中的这一段落译文——而且,我至今也认为自己孩童时代第一次读到的就是中村完治的这段译文,我的记忆有误吗?——如下:

我的处境很难。我拿起它,放在手上。我在颤抖。因为我永远必须在两者之间选择其一。我屏住呼吸,思考了足足一分钟。然后,在心里对自己说:"那么,好吧,我下地狱。"——一边说,一边撕碎了那个纸条。

那是可怕的想法,可怕的语言。但我就是那样说的。就按自己说的做了。而且,一次也没有想过要改变它。

3

我回想起阅读《哈克贝利·费恩历险记》的经历,也可以看出我和外语的关系有两个特征。其一是,每当读到或者听到一段外语被它吸引,我就会抄在笔记本上,如果有译文的话,就会把译文抄写在自己拥有的外文原版节的空白处,打算完整地背下来。

直接的原因是,那个时代住在地方的初中生或者高中生不容易搞到外语原版书。再有一个愿望就是:虽然不清楚原著写的是什么,但是,总希望把听到或者看到的部分留在记忆里。实际上,在我的人生经历中,经常会发生这样的情况:偶然听到或者看到一段独立的外语,并非理解其意思,却总是忘不了。经过很长的一段时间后——要说忘不了,也许听起来是一句消极的话,因为我要把一段不太明白意思的外语写下来记住,所以也付出了积极的努力——有时偶然遇到包括记忆中那段话的完整文本,就会再一次加深印象。

在驹场教养学部①图书馆里,从坐在自己旁边的一位学者的书上偷偷阅读威廉·布莱克预言诗段落的记忆

---

① 东京大学驹场校区。——译者注

随着时光的流逝复活了。有关这个经历,我写入了《新人啊,醒来吧》当中。至于比这时更年少,生活在森林中山谷村庄时,记忆里留存的外语片段,虽然记忆整体模糊,但是,最近,我确信这就是它的本来面目。

祖父和祖母相继去世的那一年,菩提寺的住持经常光顾我家。我虽然是个孩子,却以急迫的心情,坐在母亲的身边,听住持和尚讲佛法。有一次,住持讲到一个词叫"nirvāna",我搞不明白是哪国外语。同时还说,这个词用汉字表示就是**涅槃**。我也能猜到涅槃这个词所指的世界,尤其是母亲,对这两个汉字的意思好像也深有感触。但是,我饶有兴趣地记住了这两个词的对比——尽管表达的是一个意思。曹洞宗的住持说:"nirvāna"这个词带有圆意,可是,写成汉字的涅槃就带有棱角。他还说:汉语词是片假名外来语的翻译,指的是同一个意思。尽管如此,我感到有趣的是它和外语的关系。回想起我当时还是孩子,即使从妈妈的身边探出身子向住持提问也不会得到满意的答案,所以,就一直保持沉默……

直到最近,我在读书的时候遇到一段话正是涉及这个问题的论述。那本书叫《道元和尚广录》,是寺田透晚年的劳作。其中,道元给众僧讲佛法的一段话被寺田透翻译成:"他讲到涅槃两字从汉字上看是方方正正的词而用梵语发音则带有圆满之意。"原文是"方语圆音唱涅槃"（筑摩书房版）。

我只是感叹：啊啊，有如此确切的出处！原来在永平寺修行的那个住持讲过这个词！这并没有加深我对"nirvāna"的理解，但是，存在心中多年的**疙瘩**像冰一样融化了。我就是这样一个从内心对表达一个意思的两个外语词发音**形式**的区别感兴趣的孩子。

另外，刚才的引用已经表明，我读外语时曾经喜欢把外语和翻译好的日语都摆在面前一起阅读。

同样是在驹场教养学部，考上法语专业后，在迎新说明会上帕斯卡专家前田阳一先生对我们说，你们学法语的人要停止通过翻译去阅读这门语言的文学。我遵照先生的告诫，对于英语的文学也是如此，进入本乡校区后，包括留级的三年里，对我来说，这段时间是有生以来，通过翻译去阅读文学最少的时期。而且，由于我的语言能力差，尽管每天学习八个小时，但是，进步却非常慢。

在教养学部的教室里遇到的优等生们大都自称用法语阅读、用法语思考。其实，他们不就是不愿花费时间，轻视译读成日语吗？

但是，对我来说，读法语——读英语——正如前面所言，从另一个角度，寻求如何用日语表达才有意义。

对我而言，生活在法语文本——或者英语——和日语文本，以及自我（的语言）这一三角形的场域中，是最充实的知识乃至情感方面的体验。

在我的文学生活中，虽然未曾出版过翻译作品，但是，处于这个三角形的磁场中，在三个方向相互作用的语言活动中，生活为我成为小说家打下了基础。比这一切更重要的是我需要这个三角形的场域。从那时起，到几乎四十年后的现在，我依然每天上午把法语——或者英语——的书、辞典和划线用的彩色铅笔、写批注用的铅笔一起摆在自己身边后，开始阅读。下午写小说的时间，我常常把上午读到的内容试着翻译几段，以此为开端，展开小说的创作。有人批评我的作品中引用外国诗人、作家和思想家的话太多，就是源于这个单纯的理由。

4

多年来，我就是这样几乎每天都阅读外语文章，但是，我说外语的能力依然很差。我想对开会时认识的外国作家讲，我长期喜欢而且背诵许多行的某个诗人的作品，但是，却不能很自信地表达出来。会议期间成为朋友,他们熟悉了我的发音特点后,在聊天的时候,我却因过多引用而被他们嘲笑为**引用的魔鬼**。

前不久,三十几岁时就相识的、非洲大陆第一个获得诺贝尔奖的尼日利亚人剧作家、诗人沃勒·索因卡(Wole Skyinka)来东京。在对外开放的研讨会的会场上,同声传译的机器出了故障,会议只能用英语进行,会议结束后,在等候晚宴开始的时间里,只有我们两个人在一起的时候,沃勒一本正经地问我:"你的英语我都能听懂,但是,完全不清楚是什么地方的语调,你在哪个殖民地学的英语?"

他的话让我重新思考。从阅读外语这个层面讲,我在外语、日语还有自己(的语言)这个三角形的场域,接受他者的语言,受到启发,改变自己的语言叙述,我是为了这样的精神活动在阅读。那么,说外语这个层面又如何呢?最终我获得的答案是——我是为了和自己讲话才使用外语的,这是一个不可思议的答案。

正如本章开头所述,学外语当然是为了和他者交流。并且,希望通过力所能及的语言能力开拓与外国人之间的理解关系。在我的经验中,在国外各种场合参加的会议和研讨会上,相互之间使用非母语的英语——或者法语——一步一步地巩固共同的阵地,强化共同的立场,展开讨论的过程中,达到令人意料之外的深度和精度，也非常有意思。这样建立起来的朋友关系，就像前面提到的和索因卡的交往那样，有好几个关系一直持续到现在。

尽管我也有实际使用外语生活的经历，但是，对我来说，外语最根本的用法还是为了和自己对话。所以说，我的生活中并不需要用英语——或者法语——与别人讲话，用外语回答问题。只不过，我每当读到一段感到重要的外语文章，就情不自禁地尝试用日语重新表达出来。我还意识到用日语写作的时候，为了让自己清楚明了地理解其中的一段话，经常把文章翻译成外语进行推敲。

对此，从词汇层面来说，ruby① 作为日语标记法上的独特结构，非常有用。例如，有一个时期，我在小说里经常使用"悲叹（グリーフ，grief）"这个带假名注音的汉字，还有"喜こべ（リジョイス，rejoice）"这个词。这样书写的话，我就会感到汉字和 ruby 之间发生相互定义的作用，表达就会更加深刻而且准确。更进一步说，生活中的自己就会有一种真实感觉："悲叹"这个日语词和 grief 这个英语词，还有"喜こべ"这个日语词和 rejoice 这个英语词相互作用、共同存在。我认为无论作品表现上，还是实际生活中，来自两个语言世

---

① 日语汉字的假名注音。——译者注

界的词语通过想象力进行活跃的组合，明显会产生第三个含义。

　　对我来说，grief 这个词来自福克纳（William Faulkner）的文学世界，rejoice 这个词源于叶芝（William Butler Yeats）诗歌的世界。同样的情况不仅局限于词语的层面，在句子、段落、文章……下一个层面上，不断唤醒我的想象力。对我来说，也许，这就是我创作新小说的诱因。

第三章　叙事，即如何叙述的问题

1

每次重读我最初的短篇小说《奇妙的工作》，我就会不可思议地感到：通过"BOKU（我）"这一叙述者展开的叙述非常自然。如果有人对此提问，我会天真地反问：还能有其他写法吗？二十二岁的法国文学专业的学生就这样开始了创作。

沿着附属医院前宽阔的马路向钟楼走去，在突然展现在眼前的十字路口，青翠的林荫树梢交织的上方正在施工的楼房上的钢筋铁骨刺向蓝天。从那个方向传来数不清的狗叫声。随着风向转变，狗叫声一声比一声高，一声比一声响，仿佛向天空扶摇升起，在远方反复回荡。

含胸走在去大学的柏油路上，每逢十字路口时我都会侧耳倾听。我在内心的深处期盼听到狗的叫声，有时也完全听不到。其实我对吠叫的狗群并没有特别的兴趣。

但是，三月末，在学校的广告栏里，我看到勤工俭学的广告后，那些狗叫的声音就像湿布一样牢牢地黏在我的身上，侵入我的生活之中。

现在，刊登这个短篇的大学校报寄给我了，年轻的作者跟我说，写这篇小说就像开一个愉快的玩笑，但是，一旦印成铅字，自己也有一种感觉：将来是不是要做小说家？假设附上的信里写着：能否给我一些建议呢？尽管这种情况很少见，我想我会回信奉劝这个年轻人继续写小说。"这样开始写作，坚持一生，一定很辛苦。但是，坚持一生的工作都很辛苦，鼓足勇气尝试一下如何？"

我做出这个判断的根据是这样的。因为这个短篇通过"BOKU（我）"展开的小说叙述方法不但不牵强，甚至很巧妙。实际上，二十二岁的我没有向任何人请教过。从这个短篇发表后的下一个月起一直到五十多岁创作《燃烧的绿树》为止，我没有一个月不是在写小说或者在为写小说准备笔记。

然而，这篇短篇小说的作者也许收到回信，"**坚持一生会很辛苦的!**"这种辛苦的火种，完全隐藏在刚才引用的开头那一段文章当中。那是通过"BOKU（我）"叙述的故事。假如把这个"BOKU（我）"写成"他"或者"太郎""约翰""皮埃尔"的话，我作为小说家的道路会变得多么自由啊！而且，我也感觉到我初期的短篇小说的魅力——我自己说也许有些滑稽——正是因为使用了"BOKU（我）"这一叙述方式。尽管如此，进入本乡校区的学部后，第一个春假，决定创作这篇小说的我毫不犹豫地用"BOKU（我）"的口气开始叙述故事，现在回想起来，也许觉得有些不可思议。

后来，外国的日本文学研究者经常问我："你的'我'和'BOKU'① 与私小说'私'一样吗？如果自己译成英语或者法语的话，你会自动地翻译成'I'或者'Je'吗？"

年轻的时候，我对发表在文艺杂志上新创作的私小说一概反对。但是，私小说在衰落，后来，我开始意识到自己的无知，不能把正在创作的作家的作品与大正、

---

① 日语汉字写作"僕"，男性指称自己的词语。第一人称代词，我。——译者注

昭和前期的作品一样否定。重新发现的优秀"私小说"中的"BOKU（我）"都是多面叙述的主体，都具有活生生的个性。

　　我本人开始创作以先天性残疾的长子为模特的短篇和长篇以来，在叙述手法上，明确地采用了私小说的"我""BOKU"。最初描写这个残障孩子出生的短篇小说《空中怪物阿古伊》就是通过叙事者"BOKU（我）"进行叙述，但是，拥有这个孩子的人物却是第三人称。长篇小说《个人的体验》的叙事是采用"鸟"这个第三人称关注主人公的方式展开的。我还写过一个通过"胖男人"这个奇怪称呼的第三人称叙述的作品，那应该是个例外。

　　所以，把我和长子共生为中心创作的作品看作属于私小说的范畴也是理所当然的。如果我是私小说作家的话，本应该排除伦理意义上的谎言，但是，我在小说中，自由自在地导入了作为谎言的虚构。那些作品中的"我""BOKU"并非完全与现实生活中的我重合。

　　于是，一旦带有残障的长子在我的小说世界登场，包括他退到背景中去的作品，几乎所有的小说，我都是用"我""BOKU"的叙事手法创作的。可是，由于内心世界各种感情的郁积，我不得不意识到《燃烧的绿树》对自己来说，是最后的小说。这成为一个根本的原因。采用"我""BOKU"或者"私"作为叙述者的叙事小说已经不能支撑不断深入扩展的灵魂主题……于是，在《燃烧的绿树》中，我创作出一个具有两性特征的姑娘＝青年，让她＝他代替"BOKU（我）"叙述。尽管如此，作为小说的作者，我经常感到自己的表现，甚至思考的幅度受到限制。不用这种方法，靠自己积累起来的小说技巧，有没可能进入更加自由思考和感受的世界中去呢？

当初随意确定的采用"BOKU（我）"进行叙事，一直把自己的文学主线置于其中，经过各种钻研尝试，我被逼进死胡同后，产生了这样的想法。换句话说，从漫不经心的乐天派性格中生出的"坚持一生，一定很辛苦"的种子，早已在为大学校报写第一篇短篇小说的时候播下了。

2

"我"作为《奇妙的工作》的叙述者，虽然是以被狗咬伤这样一种窝囊的被动方式出现在小说里，但是也参与到故事中。当年在大学的"五月祭"① 期间，这个短篇小说被读者看到的时候，没有人了解"我"也是

---

① 东京大学的校园文化节。起源于大正十二年 5 月 5 日的校园游园活动。每年 5 月中旬至下旬的周六和周日在本乡校区举办校园文化活动。——译者注

理所当然的。所以，假设这篇小说充分运用了写实的手法，即使其中的"BOKU（我）"反过来咬了狗，即使读者会认为这是一个不可思议的故事，也不会说小说中的"BOKU（我）"在叙述一个违反事实的故事。读者也不知道作者是一个年轻的大学生。因此，也可以看到叙述者"BOKU（我）"直接被看成作者我本人的反应。这是一个穷学生作者经历的滑稽而又悲哀的故事。同时会理解为以小说的形式叙述了"BOKU（我）"的这种生存方式。同时，在刊登这篇短篇小说的报纸上，我发表了确实是作为个人的体验而写的参加反对砂川美军基地扩建游行的随笔，因为我想使当时的情感和"BOKU（我）"杀狗的想法从根本上联系起来，所以，把两者重叠起来理解是一种必然的趋势。

如果当时有人问我，这篇随笔的作者"BOKU（我）"不用说就是你，这个短篇中的"BOKU（我）"，还有作者的你，三者合在一起——也可以说这就是我吗？我一定会肯定地回答："是的。"

毋庸置疑，甚至无需举出福楼拜和包法利夫人那个著名的例子——大多数小说都表达了作家想说的那句话——这就是我。在此，我另外要强调的是：作为《奇妙的工作》的作者，把那个故事写成随笔的学生和短篇小说的叙述者"BOKU（我）"是同一个人。在小说创作之际，我也是这样想的。自己的现实生活中，如果有这样一个"奇妙的工作"找到我，我会毫不犹豫地接受下来，也许会像作品中一样，体会到滑稽而悲伤的感受。我想刊登在大学校报上的这篇短篇小说，虽说有些稚嫩，吸引优秀的评论家和经验丰富的编辑的直接理由，应该是切身的真实感。

《奇妙的工作》在报纸上刊登后，就有文艺杂志来约稿，我鼓足勇气答应下来。于是，我就这样一头扎进自己承担的"BOKU（我）"的叙述当中，漫长的作家生活一直到现在。老编辑在阅读大学校报时，对一个名不见经传的大学生的短篇小说产生了兴趣，并推荐给年轻编辑，这位年轻编辑所在的文艺杂志才向我约稿的。许多年过去了，已经成为出版社干部的这位编辑笑着跟我聊天：你当时如果拒绝那封信的约稿，我会更加尊敬你！原来对方并没有当真。可我却可怜兮兮地全力以赴沉迷于创作之中，我阅读了大量日本战后文学和美国、法国小说的翻译以及原版书，相信这样的写法就是**当代的**小说，于是写了一篇《死者的奢华》寄给了杂志社……

在此需要写两个脚注。其一，我写《奇妙的工作》时并没有特别投入。原本单纯是为了让高中时代的朋友、当时在做商业设计工作的伊丹十三感到好玩儿，创作了一部叫作《野兽的叫声》的独幕剧。由此改写成短篇小说的形式就是《奇妙的工作》。因为这个缘故，"BOKU（我）"这个叙述者的叙述方式用得很随意。

其二，不管年轻编辑的意图如何，我是认真接受了文艺杂志的约稿。其后，接受另外一家文艺杂志的约稿，而创作的短篇小说《他人的脚》也坚定了自己的信念。为最初的约稿花了两三个星期而创作的短篇小说其实并非《死者的奢华》。那篇作品让我意识到第三人称客观叙事的重要性。我为创作第三人称的叙事吃了很多苦，而且感受到那些辛苦就是为了**现在**的小说必须付出的。

我把呕心沥血创作出的作品，请德国文学专业的同学柏原兵三阅读。他很快就评论说：这篇小说写得不好。我把装有手稿的纸袋扔到附属医院的建筑旁边，也就是我经常去听狗叫的角落里那个堆积可焚烧垃圾的高过人头的金属围栏里，就回宿舍去了。

因为截稿时间只有三天，这对于重视文艺杂志约稿的我很苦恼。这期间，我想到的是采取紧急避难的做法，既然被擅长文学的朋友否定了新的叙述方式，运用其他材料也不行。经过进一步分析，使我意识到不仅是叙述方式，就连使用这种叙述方式写成小说的材料也是流于观念性，是行不通的。用的材料来自于我考进东京大学驹场校区的那一年，在图书馆旁边巨大的广告栏里看到有关御茶水女子大学女生自杀事件的一张传单，内容是女生所属的党派对其自杀发表的声明。一个与自己年龄相仿的女学生因为思想运动被逼上死路,给我留下了深刻的印象。我以此为素材,在驹场校区的杂志上发表了题为《火山》的短篇小说,或许应该说我的处女作是这篇作品。

现在看来,即便是经验丰富的四十岁的政治活动家自杀,对于与运动相关的死亡,应该退后一两步保持一定距离来观察全局。可是,对于一个十九岁的孤独青年,我受到了传单的深刻影响。以此为起点,我对于思想运动、政治运动的活动家产生了矛盾的心理,从根本上说,既尊重又怀疑。

我决定必须立刻创作一篇新作品,想再重复一次自己在《奇妙的工作》中发明的叙述方式。开始写的时候,尽管素材的构思还很模糊,但是,细节不断出现在脑海里,故事也浮现出来。也就是说,不仅是叙述方式,就连主题和人物、故事的结构都是重复的。平野谦的评论肯定了我的《奇妙的工作》,并成为我登上文坛的最大契机。文章中指出第二篇《死者的奢华》与第一篇有异曲同工之妙。他的评论一语中的。假如其他评论家也读到东大新闻的话,新颖而年轻的小说家登上文坛这样普通的评价会不会失去了亮点呢?

就这样,我创作了《死者的奢华》,同时,还是用最后一天的剩余时间,用同样的叙述方式——这篇小说中叙述者"BOKU(我)"是以疗养院的一个患者的身份构思的——写了《他人的脚》。

3

从此以后,我开始在文艺杂志上发表小说,成为文坛新秀。也可以说,自己已经被在《奇妙的工作》《死者的奢华》中没有深思熟虑就采用的"BOKU(我)"这个叙述者的叙述技巧所束缚。我想用这种叙述手法写作,后来未必仅仅停留在异曲同工之妙,但是确定了我的小说风格。"BOKU(我)"在战争期间乡村少年叙述的《饲育》和作为疏散到村里的感化院少年讲述的《拔苗击仔》中仍然能够发挥这种叙述方法的潜力。但是,从那时起,我就感觉到自己成为这一叙述方式的俘虏。

我一开始创作就陷入危机,《个人的体验》是度过这一时期值得纪念的一部小说。我深陷这种危机,在收录于《〈拔苗击仔〉及其初期短篇Ⅰ》结尾部分的几篇作品中清晰可见。在这几篇作品中,我明显是在挣扎,但是未能脱离"BOKU(我)"这一叙述方式。

其标志在于,我们家诞生了带有残疾的长子光。这不仅是新的小说主题,而且是面对在现实生活中如何活下去这一深刻的问题。为了迈出艰难的第一步而创作的两篇小说中的其中一个短篇《空中的怪物》完全采用了《奇妙的工作》以来的"BOKU(我)"这一叙述方法。而且,这篇小说中的"BOKU(我)"明显站在故事旁观者的位置,来叙述年长的音乐家是否接受带有畸形的儿子出生这一事实的故事。音乐家是否死于自杀事故很难说清。在"BOKU(我)"作为叙述者的小说中,他的自杀如果不是作为遗书来写的话,就不能成立,这一条件是让我在叙述中感到不自由的原因之一。

这似乎是一个单纯的话题,叙述者死去的故事如何成为一部完整的作品,这一困境是我伴随着恐惧,阅读新制中学的修学旅行中买到的雨果小说《一个死囚的末日》——后来,以切实的感受阅读加缪的《断头台上的回忆》也与此有关联——时产生的,阅读长篇的过程中,每当接触到插入自杀、被杀或者病死的人物留下记录的情节,我就会直面心中从孩提时代一直延续的困境。

这样的经历不断重复,作为小说创作的原理,我把梅尔维尔《白鲸》的结尾处引用的《约伯记》中的"我是唯一逃出来给你报信的人"作为自己的信条。现在,我把自己从"BOKU(我)"作为叙述者的叙述方法中解放出来,构思自己毕生最后的小说。但我仍然认为《约伯记》中的这句话是二十世纪小说的最经典的原理。

如果说《个人的体验》是一部成功的作品，那是因为我创造了"鸟"这个客观的人物，尽管他的经历非常接近我的经历和感受，但那是作为"鸟"的故事写出来的。在这部小说中，可以说我成为小说家后，第一次有意识地努力尝试脱离"BOKU（我）"这一叙述方式。

当然，小说的视点一直是从"鸟"的角度观察到的，所以，与第一人称"BOKU（我）"的叙述几乎没有差别。为了确保小说情节的真实性，年轻的小说家有必要采用这样的视点。我想到这也是因为模仿了批评莫里亚克"神"的视点的萨特。

但是，每当我想到以托尔斯泰为顶峰的十九世纪小说的时候，对于那种一边俯瞰小说的所有场景，进入所有出场人物的内心世界——几个代表人物也可以——一边创作小说的迷恋就会在我的内心复活。作为二十世纪小说的伟大作品，实现这一切的是穆齐尔的《没有个性的人》。它之所以成为我毕生喜欢的作品，原因就在于穆齐尔能够非常自由地走进同在一个房间对话的两三个人物的内心世界，而且能够做到保持自然而丰富的真实性。

4

与其说《个人的体验》之后,不如说直到现在,第一人称"BOKU(我)"的叙述问题一直是我面对的。或者,对此不满,这正是我决心暂时结束小说创作的理由之一。今后,重新发愿创作的小说,尽管还处在梦中的摸索阶段,我想使其成为解决叙述问题的第一步。

现在,如果以叙述问题为中心,回顾《个人的体验》以后的创作,《万延元年的足球队》和《教给我们战胜疯狂的生存之道吧》是观察自己围绕这个问题如何奋斗的有力证据。对我而言,两部作品都是那个时期重要的主题,而且,用新文体创作出的这些作品是通过关注这些主题而实现的。但是,从作者自身来说,也能读出那是如何在与束缚自己的"BOKU(我)"的叙述之间为扩大自由而艰苦奋战的记录。

《万延元年的足球队》的叙述者"BOKU(我)"是在可以作为第三人称处理的根所蜜三郎这一人物身上赋予第一人称而确立起来的。既然如此,把小说中的"BOKU(我)"从小说家我身上分离开来也是自由的。小说首章开宗明义,这个"BOKU(我)"和小说创作时的我非常接近。

开始构思这部长篇的最初三年当中,我写下了好几种草稿,虽然记忆模糊,但是,我在写作的过程中一直使用"BOKU(我)"的叙述方式,未曾想过根所蜜三郎这个第三人称的人物。这部长篇的构思一直不顺,我和编辑商量决定在文艺杂志上连载。这样才促使我努力完成这部作品。其中包括构思期间在美国逗留几个月,《个人的体验》以后,这部作品整整构思了两年。在我国的文坛上,对于已经获得文学奖而受到瞩目的年轻作家来说,这段准备时间太长。

确定在杂志上连载的时候,我将写下来的所有草稿汇集在一起准备使用。即使有了新的构思也不能丢弃这些草稿,这一直是影响我的一个弱点。当阅读好不容易才写完的第一章时,我觉得那就像把几篇草稿拼贴而成的一样。而且,还有一些作为小说作者=小说叙述者的几乎像日记或者遗书那样自我表白的文章。就像下面这样开头的文章持续了好几页。

在黎明前的暗夜中醒来,寻求热烈"期待"的感觉,探索着噩梦之感残存的记忆。就像让内脏燃烧而咽下的威士忌那样,心神不定地希望热烈的"期待"感确实回到身体深处,这样的探索却总是一片空虚。

毫无疑问,叙述的主格是小说家本人,甚至省略了"BOKU(我)"这个主语。在两段独立的文章之后,"BOKU(我)"终于出现了。

在创作《教给我们战胜疯狂的生存之道吧》这部短篇小说集时,我把最初以这个题目发表在文艺杂志上的短篇作为"表",把另一篇作为"里",然后整合成《父亲,你去哪里?》。"表"的叙述是把"胖男人"这个第三人称设置在叙述者旁边。小说是通过"胖男人"展开的叙述。被叙述的世界全都是通过"胖男人"的眼睛看到的。小说中的"胖男人"在经历各种痛苦的经历后,决心改变自己的生活,结尾处是这样描写的:

他停止为死去的父亲写传记,反复给事实上根本不存在的**那个人**写信,请他教给我们战胜疯狂的生存之道。或者从"我开始幽禁自己的生活……"开始,写下几行展开叙述的文字。然后,那本日记简直就像遗书一样被锁进抽屉里,谁也不让看。

在这之前,"里"的部分是这样开始的:

……"在持续自我幽闭的日子里,父亲……"写到这里,我意识到自己遇到了不得不中止草稿的瓶颈。

于是,这篇文章的作者"BOKU(我)"就往下写虚构的**父亲**以及非常接近实际生活的父亲——也就是自己——与儿子的关系,小说的结尾是这样写的:

"父亲……"我重新开始写。那是为什么呢?当我清楚地意识到这一点时,或者完成父亲的传记,或者彻底放弃。"父亲开始自己的幽闭生活……"

有意识使结构复杂化的叙述和叙述者"BOKU(我)"单纯的叙述水火不相容,在这样两个力量拉锯的平台上苦苦奋斗,不断向**叙述之神**呼吁:请教给我们战胜疯狂的生存之道吧!这难道不是我的作家生活的一切吗?现在,我茫然地面对这个疑问。

第四章　在诗人的引导下

1

作为一个写小说的人，我对诗人怀有深厚的敬意，也许是必然的。对于外语诗人和日语诗人更是如此。上新制高中二年级的时候，教授普通国语，同时又在另一个班教授古文的老师，在第一节课上让我们每个学生都回答为什么选修这门课。我不假思索地回答说：我想读我们国家的古典诗歌。于是，脾气古怪的老师就专门抽出时间攻击我这个刚从山区高中转学过来的学生。他说：连老师本人都没有主动地去阅读古典，如果不是因为从事这个职业，根本不会自发地去阅读，你为什么要说这些话来取悦老师呢？

从此以后，很长一段时间，每次在走廊里与同样选修古文的女生擦肩而过都会引来"嗤嗤"的笑声。这个沉痛的教训，使我变成一个在老师和同学面前绝对不提自己私下阅读我国古典诗歌的青年。但是，回到宿舍，我会接触各种古典诗歌，甚至喜欢阅读现代日语的诗歌。我尤其喜欢三好达治和荻原朔太郎，通过大冈升平编辑的诗集阅读中原中也和富永太郎的诗。从高中毕业那年起，我成为一生都持续喜欢阅读谷川俊太郎诗歌的读者。

进入大学后，我开始阅读法语诗歌和英语诗歌，但并没有激发我创作诗歌，也许听起来有些神奇，却使我对小说技法产生奇思妙想。我在阅读英语诗的译作时，就琢磨用这样的文体能不能写出自己隐隐约约描绘的这个国家不存在的小说，并且实际练习创作了一些短篇小说。

使我产生这种想法的翻译诗歌原著者是艾略特和奥登，翻译者都是深濑基宽。现在想起来，大概是深濑基宽的日语文体激发了我的阅读兴趣。事情的起因是我在大学"生协"的图书销售部，发现了两本比我当时买的书平均价格明显高出很多的翻译诗集。而且，因为我收集了书中的外语原诗，虽然经济上有些压力，我还是决定买下来。当时，以学生的身份购买进口的原书很难。数量有限，价格昂贵。于是，我就在自己喜欢的翻译诗集上，抄写大学图书馆能够参考的原诗集的文本。现在我的书库里还有创元选书版日夏耿之介译——这也是因为我喜欢日夏译文的文体——的《爱伦·坡诗集》。

同样，一直珍藏而且现在也随时拿出来阅读的书，是两本同为筑摩书房版的《艾略特诗集》和《奥登诗集》。我是如何从这些翻译诗集中受到散文文体的影响，又是如何受到启发产生创作新小说的——围绕叙述方法——想法呢？对于我来说是再明白不过的事，但对于熟悉我初期小说的人也许是不可思议的。总之，下列翻译诗歌的文体却给我留下难忘的印象。

艾略特的诗《J. 阿尔弗莱德·普鲁佛洛克的恋歌》的叙述方法如下：

从"那就去吧，你和我／像手术台上被麻醉的患者那样／在那晚霞布满天空的时刻"开始，持续到"背靠着窗玻璃／黄色的雾气在街上飘荡／想一想，还有时间吧"的叙述方法。

奥登的诗《一九二九年》开头的"那是复活节的时候，我听着公园里传出的蛙声／望着天空盛开的迷人的云朵／悠然地飘过——／赋予新名词新的含义吧"，从叙述恋人们也想找到新词汇的季节开始叙述，急速转向"想到这里忽然发现／一个孤独的男人坐在长椅上哭泣/低垂着头，嘴角扭曲/龌龊、丑陋，就像蛋壳里的鸡雏那样/于是，我想起了死去的人们"的叙述方法。

与原诗对照阅读这些翻译诗，我觉得自己也能够创造新的小说文体。我想我可以说并非单纯地模仿诗歌的文体，也从其他方面思考了很多。因此，对于年轻时的我来说，想到这样的问题就会付诸实施。虽然我的性格是对任何事情都瞻前顾后，但我现在也会激励自己不断前进。我会说：毫无疑问，你从这些诗歌中汲取了力量。

尤其对奥登的诗，我感到的魅力就是这种力量。在他的诗歌中，从琐碎的具体事物到人物，乃至对于社会、政治、国际关系，都是通过一系列相同的词汇和叙述方式进行叙述。我更喜欢艾略特的写法，他那诗意的优雅性显示出向日常化散文叙述——或者相反方向——的平稳转化。

我不断被两位诗人日常生活观察层面达到形而上学的甚至神秘主义的丰富性和深度所吸引，意识到那也是我创作新小说文体的方向。尽管如此，在我的作品中我并没有立刻做到。

2

我开始接触布莱克时尚未想到自己要写小说。但是，后来我意识到，那也不是单纯地开始读诗歌，应该说，不久那个想以小说的形式探讨自己少年时代的人伴随这种预感寻找小说文体时，邂逅了布莱克风格独特的诗歌。

在英国学者撰写的日本现代文学评论中几次出现：虽然布莱克的短诗很好，但不可思议的是某个作家却说喜欢冗长的预言诗。多次被讽刺的某作家就是我。我想我的文坛同事没有人会说喜欢读预言诗，我也并不认为自己对布莱克的《天真、经验之歌》和《皮克林草稿》之美无动于衷。出于偶然，在我还不知道那是诗人布莱克的作品时——虽然已经读过前面所说的短诗集——我邂逅了他的一段预言诗，随后就被吸引了。

这个过程我写在《新人啊，醒来吧！》中。我把看到的一节从预言诗《四天神》（The Four Zoas）中分离出来——我就是这样读了这四行——自己翻译出来放在这里。

"人必须劳作，必须悲伤，必须学习，必须遗忘，必须回归来时的幽谷，为了重新开始劳作。"

我在驹场的图书馆，偶然看到这一节，内心深处感到震撼。当时我还没有意识到这是布莱克写的诗句。可以说，我缺乏基本的文化素养。在那之前，我读过布莱克的短诗集，甚至背诵过几首。不过，与那些语言不同的声调——把音乐的比喻用到文学中基本上不合适，就像莫扎特与贝多芬的区别那么大——从这两行冗长的诗句中升起。而且，我在图书馆宽大的书桌上、从旁边的人展开的书页上看到的是同样凝重的诗行密密麻麻延续不断的情景。

我想到的是，看到这两行诗的时候，那好像不是作为诗歌，而是作为从过去到现在乃至未来预测自己命运的东西——完全是作为预言诗——袭击了我。后来，时光流逝，我的现实生活中诞生了一个有残疾的儿子，又随着时间流逝，我终于清楚地认识到布莱克的预言诗就是预言，并且一直阅读，不曾间断。接下来，因为布莱克的意象镜中映照出我和儿子共生的意义，从而能够把它写在具体的作品中。我觉得预言实现了。

而且，我没有把前面的两行诗作为诗歌来读，而是作为预言来理解，只能说，是因为同一时期阅读的艾略特和奥登的诗具有内容深沉而明快的散文性，我相信英语诗歌的风格就是这样，没有能力把这两行感觉完全不同的诗作为诗歌——我甚至不知道布莱克预言诗的存在——来理解。

明确认识到这一点之后，凭我自己的力量阅读布莱克的预言诗还是相当棘手。于是，我请驹场时代的朋友英国文学专家山内久明推荐研究专著，通过阅读研究专著来支持诗歌解读。我的自学方法就是先请值得信赖的专家朋友帮助选择基础的研究专著。等到读完的时候，自己就明确了寻找研究书籍的方向，所以，自己也能从进口书店的书架上做出有效的选择。

在布莱克相关领域，尤其吸引我的学者或者学者型诗人是《布莱克，对抗帝国的预言家》的作者大卫·V. 爱德曼和《布莱克与传统》的作者凯瑟琳·雷恩。将爱德曼和雷恩并列在一起，对布莱克研究者来说，可能多少有些奇怪。爱德曼是一位把布莱克与社会背景结合起来挖掘现实性旁证的学者，雷恩是用基督教以前的信仰，即传统的神秘之光照射出布莱克心灵的诗人。就这样，在我埋头研读布莱克的数年间——虽然我通过创作《新人啊，醒来吧!》从中摆脱出来，但是，现在每当看到 E. P. 汤姆逊和 P. 艾克洛德有关布莱克研究的新书，还是忍不住要读——布莱克、爱德曼、雷恩这个神圣的三角形总是闪耀在我的眼前。

爱德曼那种从社会的语境来解读文学文本的做法，

对我来说，从学生时代就已经熟悉。如果不算卢卡奇的话，我和社会主义现实主义无缘。所以，受到左派评论家教条主义的批判时，总是指责我对马克思列宁主义的文艺理论一无所知。现在，每当看到那些带有恫吓性言辞的右派评论家，从他们的衣袖下窥见从年轻时就佩戴的意识形态铠甲，我又发出"哎呀哎呀！"的叹息声。尽管如此，我始终是萨特的热心读者，所以，爱德曼通过社会的语境来解读文学文本的做法甚至令我感到亲切。

而且，爱德曼让我感到具有魅力的是他对浪漫主义的评价。他对布莱克以及他的同事柯勒律治的浪漫主义所做的重新定义吸引了我。那是一种人类的精神系统，它能够用感情的语言来表达蓟花的美丽与天空的辽阔，以及美国独立这样的社会变革。我是通过爱德曼从根本上理解了浪漫主义对世界的看法。后来，我接触到威尔士的诗人 R. S. 托马斯以后，在他的散文中发现与评价柯勒律治的方法有相同之处。

我觉得雷恩这个神秘的女诗人最有魅力的是把布莱克的诗歌和绘画作为素材，能够深入理解一直模糊不清的新柏拉图主义。受到雷恩的引导，我感到能够通过通俗易懂的神秘主义来重新认识我与光的共生积累起来的直接经验。

3

从高中的低年级开始,我通过好几个译本阅读了但丁的《神曲》。年轻的正宗白鸟有关但丁的体验成为一个标杆——在他以前受到但丁影响的我国作家也有好几个——也是仰仗翻译文学普及版全集,这部晦涩难懂的经典在日本各地拥有的读者数对意大利人来说也是难以置信的。

我的母亲尽管没有受过教育,但是对书籍却有着不可思议的直觉,战争期间,在书籍很难买到的情况下,给我搞到了对我来说决定今后文学生活方向的《尼尔斯骑鹅旅行记》和《哈克贝利·费恩历险记》。虽然前者的翻译比较差,但是直到现在,每当从画上看到骑在大雁背上飞行的小小少年,我都禁不住心潮起伏……

那是战争刚结束的时候,我家作为批发商购入的冈山近郊出产的花草席堆成小山,母亲一边查验草席,一边对站在旁边的我说:有这么多的灯芯草,多少灵魂会得到净化呢?

这种情况下,即使再追问一遍,她也只是不屑一顾地回答。于是,母亲的话与花草席的清香一起成为我感觉奇异的记忆。过了许多年以后，我从读过的岩波文库新版的《神曲》中——与刚才列举的诗集一起，至今这三册还在书库里，因为是考试失败后的三月买的，大概是作为礼物送给必须面对下一年黑暗生活的自己吧——明白了母亲像谜语一样的话。那时候，堆放花草席的仓库已经转手卖给了别人。

"那就向前吧！你在他的腰间系上一根光滑的灯芯草，再洗净他的脸，清除一切污秽！"（山川丙三郎译，岩波文库版）

这是在地狱边上的守护者阿弗利加的加图劝告下到地狱的但丁和向导维尔吉利奥的话。母亲竟然能记住这样的情节，让我重新认识到《神曲》的翻译在我国的普及程度简直不可思议。

在我个人的阅读中，通过雷恩的引导解读出布莱克的神秘主义侧面后，但丁真正开始具有意义。从那以后，二十年过去了。我经常想，读书是有期待的。和一本书邂逅往往需要等待时机。不过，年轻时铭刻在记忆中的**那种纠葛**如同棒球比赛中的三击未中出局的阅读方法也并非无用功。

包括插图中为《神曲》创作的美不胜收的鸿篇巨制，我从雷恩深入研究布莱克的诗歌与但丁相关联的叙述中，开始理解两者背后辽阔的神秘主义世界。从另一面，通过诺斯劳普·佛莱的《伟大的密码》得到强化——他的《可怕的对称》是我有意识地阅读布莱克时受到启发最早的一本参考书，雷恩在这个看起来与她的研究方向相同的开拓性工作中加上了保留条件——我自然而然地被推向《神曲》和它的研究专著。

尽管威廉·安德森的评传《创造者但丁》非常有趣，但是我仍然觉得那只不过是一本通俗读物。一直影响我的著作中，把科学的分析扎实推向宇宙论展望的帕特里克·波依特的《但丁，爱神话爱智慧的人、宇宙中的人》是第一位的。我后来把受这本书启发而思考的主题写在《致令人怀念岁月的信》中。

接下来，对我来说重要的书是约翰·弗莱切罗的《但丁，悔悟的神学》。为什么但丁在序曲中的登山受到三头怪兽的阻挡而终止了？为什么不直接到天国却要经历地狱和炼狱？他用令人信服的方法解答了我阅读《神曲》时感觉到的这些根本性的疑问。由此，也使我转向关注奥古斯丁的一生，他被病魔缠身，在改变信仰之前一定要去异乡罗马。通过阅读思考的问题也直接投射在《燃烧的绿树》之中。

为什么人在达到真正的**宗教信仰**之前，必须奔赴甚至会带来生命危险的异乡，用奥古斯丁的话来说，为什么要前往异国他乡？我认为那是关乎人类内心世界具有神秘性的秘密。而且，并非局限于犹太、基督教的世界。就我国而言，可以联想到空海、道元的中国之旅。因此，也许一生都不会信仰宗教的我有时会被恐惧而具诱惑的想法所吸引。

人类历史上，在前往异乡的途中，在实现**信仰**之前，就患上疾病，直接死去的人那不也是不计其数吗？那不正是自己步入老年之际却受海外工作所吸引的命运吗？

4

作为一个永远不会**信仰宗教**的人如何觉悟，W. B. 叶芝给我的教益良多。我在叶芝诗歌全集中夹了很长时间的几张翻译草稿的卡片上，有一首翻译成日语的《选择》。

> 人的理性被迫选择，
> 是人生的完善，还是工作？
> 假如选择第二项，
> 天堂会断裂，只能在暗夜中愤怒。
> 所有的故事结束时，还会有新的话题吗？

> 幸运的是或许记住辛苦的印记,
> 那自古以来的烦恼,是空空的钱袋,
> 还是白昼的虚荣、黑夜的悔恨?

我从叶芝身上学到是作为一个诗人,即使不投入信仰,也总要寄情于天堂的态度。在我国的文坛上,现如今,不管是天主教还是新教,持有信仰的作家和评论家的言论盛行。尤其是那些刚刚皈依信仰的新锐作家肩负教会使命的呼吁,他们的高姿态有时会让人想到悠闲自在的和尚。我也有几分悠闲和尚的感觉,但是,既然不能对自己和信仰之间的几个裂痕置之不理,就存在我对他们的 raging in the dark①……

与雷恩的布莱克研究以及叶芝研究密切相关,叶芝身上明显具有犹太—基督教背后或者作为表面传统的宗教情怀、意识和宇宙观,我受到了影响。这种影响在《燃烧的绿树》中甚至表现得很露骨。

这样,我以受诗人的感召为主线创作了几部小说。而且,这些作品都是热衷于诗人而埋头阅读的结果。虽然可以说那是幸福的体验,但是回到每一部小说诞生的现场,回想起来,浮现在眼前的大概是与幸福相反的痛苦记忆……

---

① 叶芝诗歌《选择》中的"在黑暗中愤怒"的原文。——译者注

再重复一遍说，如果问我遇到这些诗人的时候，是否想到把受其诗歌的影响写进小说中，我的回答是从年轻的时候就没有这样想过。我总是像急着避难的小船开进港口那样，避开人生时常遇到的暴风雨，躲进这些诗人的身后。

后来，我想要把受诗人的感召写入小说的时候，意识到我难道不是决定离开诗人为我准备的港湾吗？如果模仿我认为很重要的诗人中野重治的小说题目，那不就是我以《离别之歌》为目标，把沉浸在布莱克或者叶芝之中的自己释放到散文的世界中吗？

5

创作《燃烧的绿树》第三部期间，我强烈地感到这将是自己小说创作的终结。另外，我从装在墙上的书架（我总是躺在旁边长椅上看书）上，把占据书架中央的叶芝诗集和有关他的研究著作全部移到别处。

《燃烧的绿树》出版之后，我前往威尔士旅行。在那里邂逅了前面提到的诗人 R.S. 托马斯的作品。在面向大海的悬崖上一家旅馆的简朴房间里阅读托马斯诗集的时候，我不禁仰天长叹——大概已经来不及了！我很担心在所剩无几的人生中,是否能够充分理解这位我刚刚开始阅读其作品的伟大诗人,随即发出感慨之声。

总之,因为这次旅行,我遇到了足以填充自己刚刚步入老年时光的诗歌作者。诗人在与我同年龄时创作的一节诗歌令我感同身受。

> 活到六十岁,
> 生命依然延续,
> 拥有语言的寓言。

我们相信人类通过理解和使用语言才能够活下去,果真如此吗?这里所表现的不正是老诗人的叹息吗?也许是一个细节,这首诗更加打动我内心的是因为诗中使用了翻译成**活下去**的 outgrow 这个词。在我还年轻的时候,我阅读奥登的诗歌时遇到这个词,它使我着迷,甚至引用到小说的题目《教给我们战胜疯狂的生存之道吧》。

回想起当时有个英国文学研究者嘲笑说 outgrow 这个词司空见惯。但是,这个词对奥登来说,同样对托马斯来说,都是重要的词语。这些旁证对我来说已经绰绰有余。

第五章　我长期寻找这个方法

1

我在新制中学的时代，向往了解事物的体系或者整体能够统一的理论。恰当地说，原本并没有具体的模式，仅仅是梦想着这样的东西度过时光而已。那完全是因为生长在一个缺乏体系或者整体理论的环境中。或许可以这样解释，因为战争期间，渗透到天皇制下的日本——与世界、宇宙直接相连——国民学校中的教育自成体系，是一种理解整体的理论，所以，战争结束后，如果缺少这种认识的基础，即使变成了民主主义社会，也会因受到遗弃似的感到不安。

在一个新学期开始的理科课上，我意外地拿到了刚发下来漂亮的分册教科书。我抚摸着每一本分册兴奋不已。我想这五册书涵盖了科学的五门学科知识——我并不认为会涉及每个学科的整体——自己设想学完每一册，最终就会进入到科学整体。然而，兼做村里神社神官的理科老师令人吃惊地把每一册都**变得**单纯化，就像读一本错误百出的漫画书一样，在课堂上教授一些与科学知识、科学的思考方法无关的零碎知识。这让年少的我深感失望……

等到自己意识到不适合学理科，进入文学部，开始写小说以后，前面所说的想法依然存在。我认为用现在的话说，小说的方法论中，一定存在文学的体系、理解文学整体的理论，我要学习它。而且，我好像一直在做这方面的探索。

作为一个登上文坛的新面孔，经常有机会与同时起步的作家对谈或者座谈。那时，我很想知道我的新同事们如何理解这个问题。于是，我每次提出具有切身体会的问题，都会被优秀的同时代作家从正面拒绝或回避。在这个过程中，我在文坛以外，特别是认识了音乐家武满彻以后，找到了在各自领域靠自己不断努力创造理论的朋友。建筑学家尤其如此，矶崎新和原广司给了我许多新鲜而又实际的启发。

2

虽然在学校里学的是法语和法国文学,但我是在少年时代凭兴趣阅读的翻译文学的影响下,开始创作并发表小说的。所以,我所具有的是无意识的文学背景。最初,甚至没有得到一位知名前辈作家的**指点**。但是,正如前面所言,也可以说那些小说是由孩提时代读过的所有小说和诗歌的**引用**构成的。作为职业靠写小说生活,这样的认识反而清楚地使各种作家的影响显现出来。

那段时间,我也阅读了皮埃尔·加斯卡尔和约翰·厄普代克用法语或者英语写的原著,所以,经常有人批评我的创作是机械地模仿翻译,我觉得并不恰当。但是,我的确深受他们初期作品的影响。而且,我作为一个连自己青春时代的自我认同都未确立的小说家,与那些通过苦难的半生才形成自我的日本作家相比,尤其对战后日本作家一直感到不安和胆怯。这也可以说是受到的负面影响吧。

于是,我试图通过对小说中方法的反思来超越这种不安。我就幻想在中学的理科课上能够综合地学到科学的体系。关于文学,尤其是我现在正在创作的**现代小**

说，我希望重新从方法上学习相同的东西。

阅读各种文学全集可以对文学的整体形成某种印象。也包括文学原理一类的书。不过，当时我没有找到基于小说是如何写成的这一结构分析立场论述方法的书。那是一个文学研究者和评论家极力主张小说有方法但没有方法论、认为靠自己的力量毕生都不能确立方法论的时代。这样的奇谈怪论不是至今还在持续吗？

就小说的方法进行阅读思考，创作小说时意识到是有方法的，也就是按照方法论阅读、写作，这样单纯的方法论这个词语竟然也不通用，这就是我们国家的文坛。作家们不去探索方法论，评论家们不去解读方法论就无法给创作下一篇小说的作者提供指导。

于是，只能通过自学来研究我所坚信的小说方法论。最初的出发点，想法很单纯，其实是想到了自己一直怀有的幼稚而切实的疑问。既然巴尔扎克和陀思妥耶夫斯基这些伟大作家已经创作出了丰富多彩的小说，为什么自己还要写呢？假设同样认真苦恼的年轻人现在向我提问，我难道不会用反问来鼓励他吗？已经有无数伟大的人物生活在这个世界上，你不是还要活下去吗？

这期间，我感兴趣的焦点集中在想象力的作用上。作为一个学生，我确定的毕业论文主题是具体体现在萨特小说中的想象力理论。但是，毕业后的几年间，我以萨特为导师对构成小说方法论基础的想象力进行思考的过程中，遇到了一个令我心悦诚服的新导师，他就是加斯东·巴什拉（Gaston Bachelard，1884—1962）。

改变被赋予的意象，其中存在想象力的作用，巴什拉这一明确的定义也让我重新找到一个理由，那就像漂浮在被赋予的意象之海上，还要创作出自己的意象，也就是用自己的语言创作小说。这其中也包括如何充分地接受**变形**的固有的意象群，以这种形式重新面对从古典到二十世纪中叶文学的呼唤。

3

于是，我幸运地遇到了自己长期探索的小说方法论。这一时期，俄罗斯形式主义的翻译和介绍正蓄势待发。几乎同时并行，米哈伊尔·巴赫金的著作特别是《弗朗索瓦·拉伯雷的作品与文艺复兴时期的民众文化》（SELIKA 书房版）的出版意义非凡。文化人类学家山口昌男的活动也备受关注，这三者之间互相映照，进入我的视野。

对于从事创作的人来说，无论如何都必须要面对种种问题，只有靠自己找出解决问题的办法。像哥伦布竖鸡蛋那样，俄罗斯形式主义者的工作已经呈现出格式化。我曾经将引用的什克洛夫斯基（Vikor Shklovsky）文章中有关明视与陌生化的观点，和本居宣长相同论述的文章作为实例一起提出来。由什克洛夫斯基提出的俄罗斯形式主义的关键词定义如下。（现代思潮社版《俄国形式主义论集》）

因此，为了恢复生活的感觉，感受到**物**的存在，为了使石头像石头，就存在被称为艺术的东西。艺术的目的不是认知，即不是去确认了解，而是以明视的方式使人感知**事物**。艺术的手法是将**事物**从自动化的状态中抽出来进行陌生化，使知觉变得困难，而且延迟的、晦涩的形式手法。这是因为在艺术上知觉的过程是目的，所以，有必要延缓过程。**艺术是体验创造事物过程的方法，被创造出来的事物在艺术上不具有重要的意义。**

陌生化这一艺术原理，即使仅限于小说而言，自己想写小说的人大概都会有切身体验。对于小说的读者来说也同样如此。俄罗斯形式主义理论家给我们提供了陌生化这一便利的工具，陌生化这一观念的精彩之处在于不仅仅停留在某个单词、某段文章对事物的反应上。什克洛夫斯基告诉我们，从人物的陌生化到小说文类整体的陌生化，这一理论全都适用。

明视这个词尽管有些模糊，但是的确让我们重新认识感受的作用。我们这个国家文化传统中固有的俳句，譬如芭蕉和芜村他们那些单纯的诗歌形式，为什么对这个时代伫立在世界和宇宙面前的我们还能有所启发呢？这是因为通过他们的俳句语言就像捕捉具体事物那样，可以体验到对这个世界、这个宇宙的明视。

在森林中的国民学校操场举办的文化电影放映会上，我看到银幕上挺立在茂密杂草中的樱花树枝在不断地摇动。那时，首先存在的是陌生化后被拍摄在胶片上的樱花。它给幼小的我带来了对樱花的明视。我看着眼前的银幕，首先我认为不断摇动的樱花树枝不够自然因而拒绝接受。那是因为在银幕上看到摇动的樱花令人感到不可思议，也就是因为樱花被陌生化了。

而且，把自己看到的事物作为异样的事物、不可思议的事物拒绝接受，这种内心的排斥感本身就是开始接受艺术作用的证据。虽然自己感到不能接受，但是不可否认那个山村的孩子们体验到了一种新视觉。至今樱花这个词给刚刚步入老年的他带来的视觉影像仍然是与那昏暗的银幕对比强烈而且不断摇动的、好像让文化电影故事脱节了的樱花树枝。在此我有了一种明视的体验。

银幕上的影像作为**物** = 樱花是确实存在的。同时，动摇我意识中的樱花一词，语言虽然不稳定但是凸显出作为**物**的表现。即使如此，我的意识中依然充满疑问。

于是，第二天早晨，来到山坡下田边的我反而受银幕影像异样感的启发，发现眼前的柿子树叶在不停地摇动。由此，仿佛眼前的柿子树叶被陌生化，从山谷到森林的风景被陌生化，我被推向明视风景整体的境地。我觉得那是我面对现实世界通过艺术而改变的最初体验。

4

我一直在寻找小说创作的方法论。我发现始于陌生化的俄罗斯形式主义理论在修改草稿时尤为有效。

刚开始写小说的时候，即便我的作品从细节到整体存在缺陷，也从不做修改。这意味着对于写小说的人来说，修改本身是需要练习和积累经验的技术。初稿的创作是自然产生的。但是，改稿工作绝对不是靠自然而然就能完成的。

改稿开始需要直面自己作品的勇气。首先有一种感觉就像面对镜中赤裸的自己那样。因此，如果把自己的草稿交给别人修改，感觉就像自己裸体的某个部分被人随意摆弄一样。前面提到自己最初创作的诗歌被人修改的痛苦记忆，我为新制中学的校报写过一篇有关学生自治问题的随笔，社会科的老师在文章结束段落的开头添上了"最后我认为"，文章就这样印刷出来了，我至今也忘不了当时的愤怒。有这种记忆的人难道还少吗？

修改就是自己对自己施加这样的"暴力"。被修改的自己，也就是说，刚刚写完，与草稿还有血缘关系——更实际地说是血脉相连——的自己和主动改稿的自己都需要勇气。另外，修改还需要对客观审视写下来的词语和文章持批判态度。具体而言，需要对从词语层面到句子、文章、意象的每一个层面，具备能够嗅到写作缺点的感受力和迅速想到如何修改的能力——两者合起来就是方法论的能力。

有关这些修改的具体阶段，有效的手法就是陌生化。这的确是最基本的艺术手法。重读一遍自己写下的文章，从词语上，从文节、句子乃至更大的文章段落上，会发现并感觉到**这样不行**的地方，至少会感到不自然。于是，对这些地方进行调整，修改的工作便从这里开始。

首先是名词不准确。然后是形容词、形容句、形容段落不准确，总感觉表达没有到位。于是进行修改。年轻的时候，碰到修改形容词、形容句、形容段落，每当感到不满意或者感觉不对的时候，就用堆砌词语的方法，努力使表达更完美。但是，作为小说家，随着年龄增长，我意识到在没有找到恰当词句的时候，把那些似是而非的形容词、形容句、形容段落全部删掉后，剩下的名词反而会呈现出确切的真实性。

在进行这些修改的时候，强调**为了感受事物、使石头像石头**这一艺术目的和用途的俄罗斯形式主义原理很有用。如果觉得这一节感受不到**事物**的话，那必须进行修改。因为保持原文不修改的话，就会混进不是小说文句的成分。而且，始于这种想法的修改已经表明了如何修改的方向。然后，不断修改，直到认为这样表达可以感受到**事物**为止。

针对小说的批评话语确实五花八门，模糊不清的，意气用事的，完全是自以为是的，凭感觉而其感觉不具普遍性、权威性的，狐假虎威性的，源于嫉妒的，纯粹是残酷的，不胜枚举。总之，为了尽快地否定，把不真实、概念性、缺乏存在感这类否定的语言指向我的作品，强硬地回答我，这种情况也很常见。但是，你认为这些地方该如何表现真实、非观念性而又具有存在感？我也不指望这样的反问会得到可靠的回答。

也就是说，依靠评论家不如我们针对那些批评，自己向自己提问。我们可以问一问这些表达充分陌生化吗。如果这样重读自己的作品后，马上提笔开始修改的话，自然你就成为小说家了。

5

我曾经在写完一部长篇小说后，像患了强迫症那样，一定要把这部小说整体陌生化，创作出另一部小说。那是出版《同时代的游戏》数年以后的事。本来这部小说就是在我的所有小说中，写得最不顺利的一部。打算写在小说中的主题很明确，许多人物和情节早就计划好了。我也计划对以前写过的四国森林里山谷中的神话和历史传承做一次整体的总结。这时，我正好结束在墨西哥城短暂的教师生活，刚刚回国。这未必与整个小说有什么必然的联系，但是，我总想把这些刚刚经历的体验写成小说。

当时的我非常热衷于展现小说的动机，即该小说是如何写出来的。而且，我还把在现实中生活，阅读与生活体验主题相关的系列书籍与小说创作看成是一个人生命活动的组成部分。也就是说，我想把这一切写进这部小说中。而且，这部小说的具体题材涉及诸多方面。我写这部小说的时候，正是我和前面曾经提到名字的文化人类学家、建筑学家、音乐家、哲学家以及剧作家这些魅力四射的同时代人一起举办研究会的时期。受同仁影响，我读的书也涉及诸多领域，如果硬要对我这个时期的书架做个归类总结的话，可以称得上结构主义**知识包罗万象**。这一切很快就融入我的小说中。

就这样，开始创作的我写完了七个较长的中篇小说，比收入实际出版的《同时代游戏》中的多一篇，然后，计划在此基础上统一成一个整体。可是，总也找不到统一的手法。没有其他哪部作品写完初稿后的工作会那样痛苦。

很长一段时间，编辑七个中篇徒劳无功的我，终于想到通过故事的叙述者给他感情特殊、生活方式怪异的妹妹写信的方式，把这七个中篇统一成一部长篇。按照这个动机，为了小说的统一而开始改写时，我决定从下面这样的开头开始叙述。很少有评论家肯定这部小说也是理所当然的。

妹妹，我从记事的时候就一直想自己这辈子总会有时间把这事写出来。虽然我相信一旦动笔写，肯定能够按当初找到的写法毫不犹豫地写下去，然而，到现在我一直犹豫动笔的工作。此刻，我打算用给你写信的方式写出来。妹妹，你那下身穿牛仔裤上身穿红衬衫,衬衫下摆打成结,露出腹部,袒露宽大的额头笑容满面的照片,还有用曲别针别在照片上的,那张有你的阴毛的彩色幻灯片。我用图钉把它钉在墨西哥城公寓显眼的木板墙上,从那火焰般的阴毛获取力量,受到鼓舞。

或许可以说这是对普遍评价较低后的总评吧!我想起一个批评的声音。那是直接来自评论家小林秀雄的声音。我上高中一年级时他已经开始出全集,我偶然读到后,受到他的启发对法国文学产生了兴趣。我并不认为他的批评完全出于恶意——你觉得那样的小说会被评论家接受吗?那样你就太天真了,我读了两页就停下了!印象中也没有受到读者的欢迎。我只是全力防卫,说这是我最重要的小说……

从此以后,我一直被一种恢复名誉的想法所驱使,过了六年以后,决定重新面对这部长篇小说。虽然受到评论家和读者的冷遇,但是,对我来说,这是一部非常重要的小说。难道就这样任其被忘却吗?我心中再一次想起俄罗斯形式主义的另一位代表人物艾肯鲍姆的话。他论证了托尔斯泰总是将**并非如此**的**暴露和破坏**的力量隐藏在他所有的方法之中,即彻底陌生化的手段。针对小说整体,我是否也应该说,**并非如此**,这样写不行,是否也要通过实际修改，使小说整体栩栩如生，产生出**事物**的效果呢？

我发表在和朋友一起编辑出版的杂志《赫耳墨斯》上的是《M/T与森林里的奇异故事》。既然要写这部小说，我首先就必须针对《同时代的游戏》明确说出**并非如此**。于是，我在动笔时决定采用与《同时代的游戏》不同的叙述方法。为此，我决定不用自己通过知识训练而创造的叙述方式，而是把孩提时代在森林中山谷里从祖母和母亲那里听到的神话和历史传承直接用她们的叙述口吻传达出来。至少我决定用记录叙述者说话的方式把我听到的留在耳边的叙述方式抄写下来。

M/T。很久以来这两个字母的组合对我来说具有特殊的意义。假设思考某个人的一生，不是从他的出生开始，而是要追溯到很久以前，也不是依据他死亡的日子结束，而是进一步延续到未来，需要用这样的方法画一张草图。一个人生活在这个世界上，不应该单纯局限于他个人的生和死。我想在自己的那张草图上清楚地画上M/T的记号。这个记号也会重复出现在人生地图的各个地方。

《同时代的游戏》只有俄语译本——其中被慎重的

犹太人译者删除了被理解为批判斯大林主义的地方——而《M/T与森林里的奇异故事》很快就被翻译成法语和瑞典语，为我创作中期以后的作品并在西欧得到认可打下了基础。在瑞典著名的作家埃斯普马克所做的诺贝尔奖评选委员会的评语中，这篇小说和《万延元年的足球队》最受重视。然而，我还有一个野心。这次，对于《M/T与森林里的奇异故事》，如果有评论家和读者发出**并非如此**的陌生化声音，同时会回归《同时代的游戏》的话，该是多么幸福啊……

与此同时，我重新想到的是，作为我起点的《奇妙的工作》完全是以对遗失的独幕剧《野兽之声》进行陌生化而创作的作品。

第六章　引用之中有力量

1

在写这篇文章之际,我从初期的创作开始,重新阅读了自己的小说,再一次意识到一个事实,那就是自己从年轻时明显偏爱**引用**。虽然没有使用引号,但是《呐喊声》开头的叙述者的叙述内容是引用了萨特所写的书评中的一节。这篇书评是为描写悲怆的西班牙人民战争的报告文学所写的。这篇小说发表之后,在一个酒馆里遇到的比我年长许多的法国文学研究者——我们那个年代学法文的学生都曾嘲笑过此人的萨特翻译不可靠——围绕这个部分纠缠不休。我忍无可忍,下决心要揍他一顿,好在当时还没有全醉、受本能驱使意识到危险的对手离席而去,总算没有因酒后胡来而败坏名声。

《个人的体验》中可以看到各种各样的引用，也许不应该出自作者之口，可是，我感觉不可思议。在该长篇之前的短篇《空中怪物》中，从电影《迷离世界》（*Harvey*）中的兔子形象开始到中原中也的诗句，这个引用的爱好已经非常明显。

《个人的体验》中，开头有关米其林汽车旅行地图上的非洲描写，已经是引用。另外，刚出生的孩子像阿波利奈尔（Guillaume Apollinaire，1880—1918）那样头上缠着绷带的部分，也是引用。接下来是引自布莱克的《天国与地狱的婚礼》中的一个句子和有关他版画的描写。写完这篇小说的二十年后，有好几年我都埋头于布莱克的预言诗当中。不过我明白，在此之前，我喜欢读自高中时代就喜欢的介于短诗和预言诗中间的《天国与地狱的婚礼》这种诗歌形式。布莱克在日本的流行具有周期性，对比我年长四分之一世纪的大冈升平和埴谷雄高一代人来说，好像也留下了青春时代布莱克热的深深印记。他们两个人分别跟我讲过，他们阅读布莱克的作品不单是短诗，也不是所有预言诗，而是几乎延伸到《天国与地狱的婚礼》。

再加上海明威《太阳照常升起》（*The Sun Also Rises*）中出现的电报，Genuine这个英语单词也和电报文一样，被原封不动地引用过来。还引用了《麦克白》

中的一节。而且,也可以说是对以前创作的其他小说中叙述内容的引用——后来我经常使用这种方法——包括对中篇小说《不满足》的引用。这篇小说中出现的人物承载着过去和现在的故事,起到了出色的配角作用。

另外,在创作《个人的体验》的同时,我在长篇散文《广岛札记》中写的内容,像照片的底片一样,反映到这篇小说的几个情节中,这也可以称作引用的一种方式吧。我也意识到《广岛札记》中这种迂回曲折的写法,作为暗示提供给我的,尽管想不起来书名,应该是塞丽努在创作以"二战"结束后的德国为背景的故事,写作过程中反复提到蒙代斯·佛朗斯在撒哈拉沙漠进行核试验的最后三部曲的写法。

在这篇小说的结尾出现的"忍耐"这个巴尔干半岛国家的词汇,虽然我想到的是保加利亚语,但实际上并没有写出来。这个单词就像头上巨大的霓虹灯一样挂在那里,《个人的体验》结束了,我的人生和小说迎来了新的季节。

2

既然注定要永远持续作家生活,如何掌握长跑者的跑法就关系到其整个人生的意义。有一种类型是从一开始就决心做短跑选手，所以，不仅是作为小说家的生活，甚至整个一生都在冲刺。我曾经纵观日本近现代超过一百年的文学史，对代表性的作品做过评论，其中不同凡响、璀璨耀眼的就是这种短跑型作家留下的作品。他们当中的许多人属于早开早谢的作家——也可以说大多都是英年早逝。

长跑型作家，最令人感到幸运的是做小说家之前就在人生方面获得一个充分准备的阶段。像夏目漱石那样，为成为文学研究的专家做好了准备。还有像森鸥外那样，现实生活中的职业尽管和文学研究没有交集，但是一直在做西欧相关的研究。我们是否也应该注意，夏目漱石和森鸥外作为小说家发挥全部精力的时间都很短暂。

不过，多数小说家都起步比较早。像托马斯·曼那样，很早就确立了自己的文体，中年丰富多彩、影响很大，即便是苦难开始的晚年也笔耕不辍、硕果累累，像他这样的作家的确是旷世奇才。尽管如此，有趣的是有时会觉得英年早逝的罗伯特·穆齐尔比托马斯·曼更有才华。总之，对于一个小说家来说，重要的课题是，如何持续创作以充实起步较早的作家生活，使其不至于虎头蛇尾。

在我的作家生涯中,给予我实际而有效教导的是渡边一夫。他不仅是我大学时代的老师而且直到晚年还在指导我。我已经记不清是大学期间,还是毕业以后,但可以确定的是在我决定写《个人的体验》以前,渡边先生曾经跟我说过这样一段话:所谓媒体的评价,说白了,他们对你的态度随时都会变,并不可靠。那些评论家先生们对待你的做法也一样,他们都很了不起,尤其如此!你必须靠自己的方法生活。我不懂如何写小说,但是,如果每隔三年选择一个诗人、作家、思想家来阅读的话,你的读书方法就和跟风式的方法不同,就能够坚持一生,至少在生活上不会虚度光阴、感到无聊!

先生的这段话就成为我后来的人生准则。每隔三年,确定一个对象进行阅读成为我生活的支柱。这样的读书方法把我从年轻就涉足媒体的颓废中挽救出来,甚至从中还能听到让我进入下一部小说创作的呼唤。明显的例子就是在《新人啊,醒来吧!》这部作品中大量引用了布莱克的诗歌。

这部系列小说的开始部分也是以实例展示我三年集中阅读的对象在结束阅读时如何转换为下一个目标的报告。我在转向阅读布莱克之前的三年中一直阅读马尔科姆·劳瑞(Malcolm Lowry)及有关他的研究专著。于是,决定展示对劳瑞的引用,在新的系列小说的开始,对过去的三年进行总结。也就是说,在下面这一段文章把焦点象征性地放在劳瑞一边,就能看出我以前接触过患有酒精依赖症的《在火山下》的作者。

因为我充满罪恶,所以无法从各种错误的想法中逃脱。但是,为了把这项工作当作伟大而美好的事业,衷心希望把我当成您的仆人。如果我的动机模糊,乐音总是支离破碎不能表达完整意思的话,请帮助我做到条理清楚。or I am lost……

接下来,作为阅读布莱克的标志,我马上引用自己感觉与这一节产生共鸣的《天真之歌》展开系列小说。在这部系列小说中,我把作品中的"伊吆"以及我现实家庭中先天残疾的孩子说的话用粗体字——翻译的时候应该使用斜体字——做了引用。于是,两者相辅相成,不仅在句子的层面而且在作品的整体上,确立了这部系列小说的文体。

"——啊,不要紧吧?你的脚真好!真是双了不起的脚!"

作为大量引用布莱克作品的范例,前面已经讲过在驹场校区图书馆的体验,我在并不了解整个预言诗的情况下,就像只是偷看了其中的一页,然后把留在印象中的部分抄写下来引用。把英文原诗穿插其中，引起日语文章具有文体多样性的感觉，这也是我的意图。

  人必须劳作，必须悲伤，必须学习，必须遗忘，必须回归来时的幽谷，为了重新开始劳作。That Man should Labour & learn & forget，劳作和悲伤并非对立，而是人生的两个侧面，我也因此理解了在我还不到二十岁时父亲去世后母亲所起的作用。下面的诗句使我感到是对自己未来恐怖而又准确的预言。

  我感觉把布莱克使用文字的怪癖，直接引用到日语的字面中，也会产生表达效果。上文引用的 Labour 中的 L 在广泛传播的杰弗里·凯恩斯版本中是大写，而在带有详细注释的戴维·V. 阿德曼版本中却是小写。所以，也许不必拘泥必须用大写引用，但是布莱克在这些细节中夸张的用词法却非常有趣。为了通过原版来确认这样的经验，我还在旧书店寻找过对我来说价格昂贵的特里安农出版社的影印本。

  在这部系列小说中，不仅引用了布莱克的文本，也引用了各种作者——甚至包括自己的评论——的文章。当然，引用的这些内容对于作品的展开是必要的。引用的文章与布莱克的译文和我的小说风格都有所不同,我感到这些引用在整个作品文体的多样性方面发挥了作用。

从渡边一夫的随笔中引用的是:"有人说不'疯狂'就成就不了伟大的事业,这是谎言。依靠'疯狂'成就的事业必然伴随着荒废和牺牲。"

从我自己的评论中引用的是:"把众多自卫队员当作观众,M 所做出的从煽动性讲演到剖腹自杀的身体表演是战后精心策划的政治演出。这成为电视新闻也是意料之中的事。"

从井筒俊彦翻译的《古兰经》中引用的是:"(那个孩子)到了能随他到处走的年纪时,他说:'我的孩子,我梦见了将要屠杀你的情景。你是怎么想的?'孩子回答道:'父亲,请按神的旨意做。如果是安拉的意愿,我一定会好好表现。'"

从宇佐见英治翻译的巴什拉作品中引用的是:"至今人们认为想象力是构成意象的能力。但是,想象力是改变知觉所提供意象的能力,尤其是将我们从基本的意象中解放出来,去改变意象的能力。"

而且,我还从自己的小说中,引用了文体各异的《替补跑垒员的调查书》《同时代的游戏》《倾听"雨树"的女人》。最后的一篇作品,通过武满彻谈论引用这部系列小说的第一篇而创作的音乐，来追求引用效果的二重性。与此同时，我甚至引用了上原敬二《树木大图解》中有关"雨树"的叙述。

系列小说《新人啊，醒来吧》通过引用特里安农出版社版所见的《耶路撒冷》中被钉在"生命之树"上的耶稣像和《弥尔顿》的序言做了结尾。

"Rouse up, O, Young men of the New Age! Set your foreheads against the ignorant Hirelings! 觉醒吧！啊！新时代的青年们！你们要迎头面对无知的雇佣兵！因为我们在兵营里、在法庭中、在大学里保留着这些雇佣兵。他们才是一群永远追求压制理性的战斗，永远追求肉搏战的家伙。"受到布莱克的影响，在幻想中我看到了新时代青年的——在这可恶的核武器的新时代，更要直接面对雇佣兵——旁边，还站着作为另外一个青年人转生的我。来自"生命之树"的声音似乎要把为鼓励人类发出语言的使命托付给老年将至、忍受死亡苦难的我自己身上。"不要恐惧！阿尔比恩，如果没有我的死，就不会有你的生/但是，我一旦死去，我重生的时候，将会和你在一起。"

3

　　需要重新思考的是:"为什么我在《新人啊,醒来吧!》中使用了如此多的引用?"从主题上讲,我站在和光共同生活了二十年的角度,第一次打算写一部从正面描写这些岁月的小说。从头部带有畸形出生,到今天已经二十岁的光,即便不是通过语言,他也在用全身表达自立的意志。如果将此作为一根支柱的话,为了小说的平衡,就需要另一根有足够强度与之抗衡的支柱。因此我开始阅读布莱克。也许应该说在这三年的阅读周期中从阅读布莱克的作品产生许多联想,于是产生了写一个与光共生故事的念头。

　　这并不是说,以写光的故事为中心,把阅读布莱克所获得灵感变为支撑它的副主题。两者就像结构上互相支撑的两根柱子。在阅读布莱克时,我模仿阿德曼强调社会思潮、政治态度的方法,做到了从社会的角度来认识光的存在。顺势就把围绕光的一切,自己的家庭与社会之间所看到的摩擦和抵触选为系列小说中某个短篇的主题,翻译引用布莱克也是类似的做法。

　　尤其是我对阿德曼有关浪漫主义的社会性语境的挖

掘印象深刻，受他的启发，我翻译并直接引用了布莱克的预言诗《美国》。阿德曼认为布莱克用诗的语言和意象重新逐项诠释了美国独立宣言的思想。而且，把将实现这一理想的斗争当成权利和义务的人们推翻专制压迫后的富有想象的情景，用诗歌表现出来。"晴朗的夜空中，美丽的月亮带着喜悦/那是因为帝国已不复存在，狮子和狼停止了争斗。"

另一方面，受到与阿德曼反差很大的诗人凯瑟琳·雷恩对布莱克植根于新柏拉图式的神秘思想解读的启发，我描写了自己死后的灵魂凭借儿子复活的梦幻。如同直接受到雷恩的指示，我翻译引用的是布莱克的下面这一段：

> 想象力的世界是永远的世界。我们像植物一样生长的肉体死后全都要投入上帝的怀抱。想象力的世界无限而永远。可是，生殖或者繁殖的世界是有限而暂时的。我们观察反射到自然植物之镜中的一切，看到的所有事物永久的真实性存在于那永恒的世界中。通过救世主之神肉体的永恒让我们理解了一切事物。救世主、真正永恒的葡萄树、人的想象力，如同永恒确立在我身上一样，通过圣人的审判，放弃暂时的事物而呈现出来的。

布莱克的神秘思想不仅在这部系列小说中的引用吸引了我,而且从《新人啊,醒来吧!》中蔓延出来。在那枝繁叶茂的下面,我将下一个阅读对象选定为但丁,然后是叶芝。十多年后,我在但丁的支持下,创作了《致令人怀念岁月的信》,在叶芝的鼓舞下创作了《燃烧的绿树》。

4

从语言、文章到作品的整体,为丰富小说各个层面的文体而积极地引用,我的这一想法,如果能够从前面列举的小说中得到印证的话,不就会为大多数读者所接受吗?而且,有关小说家这样通过反复引用进行小说创作时的内心,我想记录下自己所感受的奇特经验。

以《致令人怀念岁月的信》为例,长篇小说的主人公 Gii 大哥阅读山川丙三郎翻译的《神曲》时好像也详细地参考了原版。同时,把阅读主要用英语书写的但丁研究专著作为在四国森林山间村庄的精神生活的主线。另一方面,从行动的角度来看,利用自己居住的"宅院"和周围的场所试图教给近郊的青年人新的生活模式。不过,中途由于突发的犯罪事件而流产。算上在监狱里生活的那几年，重新阅读但丁的作品占据了 Gii 大哥生活中不可动摇的中心地位。

Gii 大哥并没有作为但丁研究专家尝试新的翻译或者撰写研究论文，也并非在大学授课或者组织研究会。Gii 大哥发表但丁研究成果仅仅面对他的弟子——也是这篇小说的叙述者——"BOKU（我）"。直接面对面讲述，或者通过书信的方式。明确反映出了他们的谈话和书信中的 Gii 大哥的引用癖好，"BOKU（我）"在小说里事先做了说明。

> Gii 大哥有一个癖好，即使给关系很随意的人写书信，他也不概括对方写的文章内容。而是，像下面这样，直接引用……

既然小说按这样的设定进行叙述，Gii 大哥，以及与其呼应并且不甘落后的"BOKU（我）"对于引用的偏爱，导致对但丁和但丁研究专著的引用在小说中频繁出现。这样，可以说小说叙述了除去引用之外，不能充分表现内心世界的 Gii 大哥的生活方式和思维方式。因此，引用的第二个必然性就变得显而易见。

引文与小说的叙述文之间处于一种相辅相成的关系。在引文的衬托下，叙述文会增添纵深感。Gii 大哥的生活通过阅读但丁来支撑。与其说现实生活和阅读但丁的生活是等值的，不如说后者的比重更大，后者甚至可以自由地侵蚀前者，就好像引用阅读但丁的生活对现实生活有所影响。小说就像现场直播一样进行叙述。于是，对于但丁的引用就具有特殊的作用。

Gii 大哥意识到死亡将至，做了癌症手术之后依旧谈论但丁。他借助但丁来讲述如何在生死的临界中生存，那是一个活生生的报告。Gii 大哥说他从但丁学家弗莱契洛的论文中，学到了"地狱""净火""天堂"——这些翻译词汇引用自山川译文——各自的表现之间存在明显的差别。在地狱旅行的人被描写成与现实世界用相同的方法观察事物。炼狱则是通过朝拜者"内心的故事"描写得很有想象力。而记录天国的文字是真实存在的，终极之处存在着一个文字中的世界——"在震撼太阳和其他星宿的爱里。"

Gii 大哥靠止痛的点滴在前一天夜里的熟睡中做了一个梦，他一边给叙述者讲解这个梦，一边说："我感到茅塞顿开，Paradiso（天国）的语言是实体，并非代替其他事物来表达，其本身就是诗歌的实体。"

他接着往下讲："我梦见的并不是 Paradiso，而是天坑塌陷的人工湖。湖里积满了水，水面有一叶轻舟。小船是以前就预备好的……梦里我乘坐小船，在我的示意下,堤坝被炸开。正是河下游的反对派害怕的。于是,伴随着漆黑的水,我变成洪水喷涌而出。那些漆黑笔直的水线,即自己一生的实体,就是对全世界所有人的批判。与爱完全相反……想到这里,觉得明白了一切,于是就醒了。……醒来以后,那明确的意义本身逐渐又变得模糊起来。"

尽管没有再次直接引用《神曲》,但是,可以说 Gii 大哥的想法是由引用但丁形成的。通过引用但丁来填补自己的内心,由此,Gii 大哥觉得全面理解了自己的人生。而且这种理解也创造了 Gii 大哥人生最后阶段的行为方式。实际上,Gii 大哥也有可能在大雨滂沱的夜里,炸开堤坝,变成黑漆漆的洪水喷射出去。

5

如果有人要问,Gii 大哥与小说的叙述者"BOKU(我)"重叠在一起,那不就是这篇小说的作者我吗?我不能单纯否定。实际上,我的一生和 Gii 大哥一样,认为引用可以代替经历过的许多细节,把读书看作非常重要的因素。

因此,如果我将来打算总结自己的一生,从整体上勾勒我以往的人生，那就会彻底变成一个复杂的工艺套盒，不就会呈现出引用中的引用吗？

所谓语言本来是他人的东西——如果这样断言过于偏激的话，那么至少可以说是与他人共有的东西。如果不考虑共同拥有语言之海的话，就难以想象索绪尔所说的"语言"，也不存在每个人所说的具体语言。婴儿依靠刚才习得的——刚从他人那里借来的——语言说话。可以说，我们的讲话并没有本质的不同，只是增加了意思的深度。从这个意义上说，所有的小说和诗歌都是通过与他人共有的语言，也就是通过引用创作出来的。

我从年少时开始文学生活之初，即把引用看作重要的文学方法，我认为方向是正确的。当然，这样的想法已经被多数人所实践，我现在的写作过程也是在无意识地引用。

第七章 从森林节日的搞笑谈起

1

每当仔细地回忆起儿时的生活，就会发现与同时代出生在城市的人相比，我们接触的**公共**教育环境不太一样。博物馆、美术馆离得很远，都得坐一天火车才能到达。看戏和听音乐会也如此。只有山谷里的小戏院能给我提供相似的体验。马戏？每当想到儿时对它的印象，就会在虚无飘渺的空想中隐约浮现出带**尖**顶帽子的帐篷和从未见过的动物们，就像曝光很差的影像。战争期间，仅有一次马戏团来小戏院演出，我看到马戏团的明星袋鼠逃出来，在大街上往坡下跑，一个长得和袋鼠一般高的瘦子在拼命地追赶，这就是我所看到的类似马戏精彩表演的唯一例子。那时村里的学校连图书室都没有！

所以能说我没有受过教育吗？恰恰相反。我仿佛觉得教给孩子们智力、感性甚至捕捉灵魂的教育这一来自各方面的呼唤，从森林的高处到流淌在谷底的河流中，到处都在回荡。对我来说倒是缺少了锻炼孱弱身体的时间。如此看来，在儿童教育中，只有体育对于机构和制度的依存度大，尽管孩子们个性不同。

在我儿时留下深刻烙印的有关教育的事件之一就是村里发生的缢死事件。是什么季节呢？记得是在延伸到山谷的山脚下，有一块面积不大、贫瘠的土地，视野开阔，印象中也没有色彩绚丽的红叶，大概是秋末冬初或者嫩草尚未繁茂的早春。

尽管是有时也在路上遇见过的人，但是听到他的死讯，我不仅没有动心，也没有想过从窃窃私语的大人那里了解这个人到底是什么来历。说起来，那人好像是一个生活在山间村落社会底层或者阴影中的四十岁左右的瘦小男人。然而，仅仅因为这个无足轻重的男人上吊自杀的消息传开的原因，虽然不是节日，山谷村落却变成了过节的气氛。沿着街道罕见出现了熙熙攘攘的人群。我也加入到看热闹的人群中，那好像是一个星期天的早晨吧。

地点在四周被茂密树林包围的神社高处西边稀疏的

树林中，几乎无人参拜的神社正殿的后面，那个男人吊在一棵老梅树上。我对那个地方的第一印象就是很凄凉，心里想：人上吊的时候就选择这么一个被人遗忘的阴森的地方吗？

可是，一旦有人上吊，不仅是山谷村落的人，就连山间部落"在"的住民也不甘落后，全都跑出来看热闹。在众目睽睽下，上吊的人依然挂在将要折断的树杈上，是因为到邻镇的警察署汇报的巡警没有带来负责人之前，他是不能被放下来的。

我小弟弟是个**机敏**的孩子，他从人群里钻出来，凑到上吊者的身旁，推了一下身体。上吊者的身体摇晃一阵，又直挺挺地静止下来。我有了一个伴随着强烈情感至今难以忘怀的发现。那个上吊的人从空中**笔直地垂向**地面，笔直地垂向这个世界就像测量用的铅锤那样……

于是，我幼小的心灵中好像理解了一个不可思议的道理。那么多人从山谷村落和"在"部落聚集起来兴奋不已，一定是因为上吊的人**笔直地吊着**。尽管如此，竟然那么垂直！于是，我很不严肃地禁不住笑起来。实际上，我周围拥挤在一起的那些人也并非都是一脸严肃，与笑脸水火不容……

有关生与死，我通过看热闹的活着的人和脖子吊在树上缢死的人，有了具体的思考。不仅是这一次经历，在森林中山谷村落的儿时生活中,经常有与此类似的自我教育的机会。对于我来说,到了这个年纪更加深切地感受到,祖母和母亲像唱歌那样而且用并不顾忌别人感受的语调讲述森林中的神话和历史故事,同样具有教育的性质。

2

有一类事情在学者写的评传中经常看到,可是在作家的自传或者回忆文章中却很少出现。那就是袒露自己。于是就决定把少年时代发生的一件刻骨铭心的事写下来,从而使自己成为小说家。从旁观者的角度看,一目了然,可是为什么作家本人却不愿意主动地写下来呢?

就我本身来说,虽然记忆中感受到孩提时代的某个事件对我的作家生涯非常重要,但是并没有把它写成文章。

幼年时代还有一个类似的回忆。记忆中还是被母亲抱在怀里的样子,所以不会超过三岁。街道旁的医院要搬走了。医生家和我一样大的孩子有一辆三轮车和一辆小汽车。医生的太太说:你喜欢哪一辆,就给你!当然车体用马口铁制造的脚踏小汽车要好一点。虽然心里这样想，可嘴上回答说要三轮车，我为自己的行为感到后悔不已，把脸埋在了母亲的衣襟里。

另一件事是六岁的时候，一个陌生的男子从河下游的镇上拼命跑来告诉大家，太平洋战争爆发了。父亲听后一言不发，男子从父亲旁边接过母亲用托盘递过来的一玻璃杯酒，一饮而尽，又要了一杯，接着就趴在门口过道的地板上睡过去了。后来，战争结束了，令人难以置信的是，战败的那一天，从收音机里传来天皇宣布投降的声音……

正如已经写过的那样，可以说与现实发生的事件相同，从祖母和母亲那里听到的以 OKOFUKU 起义为代表的森林中小宇宙的传说，给孩提的我带来浓郁现实感。此外，总是让我活得热血沸腾的森林和河流之间，自己生活圈中的自然风土给予我孩提时代的梦想具有不可动摇的真实感。

我虽然在这样的状况中生活，自己却没有想过不久的将来要把这些写下来。我的确写过诗歌《雨滴》，也和周围的孩子一样在教室里写过作文。不过，尤其是我写的作文，却不是刚才讲的自己刻骨铭心的记忆和体验，而是其他东西。我不可能想到把听来的传说写进作文里。因为在小学、中学老师指导下的作文，对村里的孩子们来说，是为了训练"公共语言"。如果其中掺入了作为"私人用语"的方言的话，受到的斥责比因为语法性错误、单词不搭配受到的斥责更严厉。祖母和母亲讲给我听的传说故事是"私人用语"的极致，我曾经像开玩笑一样把这些讲给朋友听，但是，未曾想到写成文章。

即使现在，我和朋友、熟人聊天的时候，如果不在其中加上滑稽小丑的玩笑因素，就会觉得不自在。这大概就是孩提时代作为"私人用语"的讲话方式的残余。因为不适合写文章的"公共语言"表达，我绝对没有想到把森林中山谷里的体验写下来。

3

我考进东京的大学以后，迎来了一个很大的转机。在大学里我不断觉醒，才意识到这样的转机是早已播下的需要时间才能开花结果的种子。

我最初把考进法国文学专业当作上东京大学的目标，纯粹是希望跟渡边一夫教授学习。高中二年级的夏天读了"岩波新书版"的《法国文艺复兴断章》，以此为契机，我连续阅读了渡边一夫的散文集，这也是我考东京大学的唯一动机。所以，要说我想成为法国文学研究者，也并非如此。这是因为通过自我研究分析判断自己不具备成为专业学者的基础。

可以说，我是为了寻求灵魂的喜悦而来到渡边一夫教授的课堂的。别说成为学者，我感到自己就连高中教师和大众媒体的工作都不适合。也就是说只要我继续在法国文学专业学习，未来找工作将是前途渺茫。后来，因为我开始写小说赚到了生活费，所以就职的课题变得并不紧急，但是，实际上，自己作为一个作家的未来前途一片黯淡的想法并没有改变。

不管怎么说，作为法国文学专业的学生，生活充满了欢乐，在学期间就开始阅读渡边一夫翻译的《巨人传》（白水社版）。也许有人觉得奇怪，为什么不读原文呢？即便参照现代法语的翻译，如果认真读过原作的人，就会赞同我的想法，拉伯雷对于本科生来说太难了。

我被渡边一夫翻译的《巨人传》深深吸引。而且，自己开始写小说前后，就认为这种作品和用日语写的小说完全不同。尽管如此，现在回头看初期的作品，很明显我不自觉地受到了它的影响，尽管很少，但是留下了影响的痕迹。就这样，很长一段时间过去了。

其间，我在遇到俄罗斯形式主义理论家的理论前后，发现了巴赫金的《拉伯雷的作品和中世文艺复兴的民众文化》。于是，我才开始意识到渡边一夫翻译的《巨人传》和自己创作的小说以及将要创作的小说——尤其是后者——之间根本性的联结点。而且，从这个联结点上放射出的强烈光芒使森林山谷中发生的事件和祖母、母亲讲给我听的神话与历史传说中蕴含的意义活生生地呈现出来。

甚至连垂直吊在神社旁边阴森稀疏的树林洼地里自缢的男人也成为我现在和未来小说中的人物……

4

巴赫金称为荒诞现实主义的基本思想，如果把他的定义简单概括来说，就是**民众狂欢文化的意象体系**。那一天，如果不是秋天节日的话，山谷街道不会挤满那么多人，可是，村子里有那么多人来自山谷中的人家和"在"，甚至连河下游镇上的人也从山下赶了过来。

沿着街道进入到可以眺望缢死男子吊在"神灵镇守"的森林旁边的洼地之处，有一条可以顺着酿酒作坊——有一个巨大的存酒仓库，OKOFUKU 起义农民从村里出发之前袭击这里以后壮大了气势——的旁边铺满鹅卵石的近道。在尚未停止造酒的战争初期，在能看到晾晒酿酒用的巨型木桶的小广场和从神社下坡处的草地上，遇到了可以称为群众的人聚集在一起……

总之，那不亚于秋季节日中附近的居民全都参与的气氛，用巴赫金的话说，节日性的、全民性的气氛最让我兴奋。况且，节日的参与者观看的并不是戏剧和舞蹈，而是阴森晦气的东西。尽管如此，吊在树杈上缢死的男子被小孩戳动摇晃的时候，欢快的气氛一下子高涨起来。

不折不扣的节日狂欢性，并不是靠语言来体会的，森林中山谷的孩子也能够感受到。但是，通过巴赫金对荒诞现实主义的解释，我才透彻地理解幼时自己所感受的意义。我觉得吊在那里的人很滑稽。尽管他活着的时候也不是什么了不起的人物，但还是很掉价。而且，暴露在那里的是人的肉体本身。我的目光被像铅锤一样垂直吊在树杈上的人的身体所吸引，那一条垂直的线就像标志着从山谷田野的地面上升到森林、天空、甚至遥远宇宙的一个联结点。

我并非从这个缢死的男子身上读出了对于荒诞现实主义的意象体系来说更加重要的两面价值性。只是那吊在树杈上的滑稽肉体让山谷的孩子从死亡的禁忌中解放出来。我并没有像去戳死者尸体的弟弟那样，彻底地从对死者的恐惧中获得自由。但是，对祖母讲的山谷中死去的灵魂会爬到树上去的故事，弟弟可能并没有放在心上，我的体会是鲜活的。

根据祖母的故事，山谷死者的灵魂会转着圈画出螺旋扩展的曲线上升到高处。然后，选择森林高处的一棵树，降落到树的根部。在那里停留一段时间后，灵魂又向下画着螺旋状的曲线，下降到山谷，进入将要诞生的婴儿小小的怀抱，成为新的生命体。就这样因为不断有灵魂在森林和山谷之间穿梭，所以，自己不会害怕死亡，也不用活得那么累……

在这之前，我一直认为那是喝完葡萄酒后脸上泛出玫瑰红的古怪老太太开的玩笑。但是，望着上吊男子垂直悬挂的身体，感受到周围人群兴奋的情绪，自己也受到感染时，感到故事中的一切都顺理成章，自然而然。以上吊男人垂直的线为轴心，灵魂围绕轴心画着圈螺旋上升。想到这里，向森林高处瞭望，感到到处都是适合灵魂着陆栖息的树……

如果从那里画着螺旋状曲线滑翔下降的灵魂进入山谷人家将要降生的婴儿怀中，成为新生命的话，为什么还有必要感到缢死的男子很凄惨呢？眼前聚集的像秋天过节一样兴奋的人是不是在想象归来的灵魂滑翔升空，因此才兴高采烈地来目送从缢死男人身体里升天的灵魂呢？

5

对我来说更重要的是边缘性这个观点。因直接与巴赫金发明的荒诞现实主义理论意象体系相关，我把它当作创作小说的力量。我在遇到俄罗斯形式主义与巴赫金的理论的时候，也受到了刚刚活跃在评论界的山口昌男的理论启发。

边缘性，那是铭刻在我一生中决定性的条件。从地理方面讲，这是最明显的。不仅如此，与时代的关系方面更是如此。我进入国民学校那年，太平洋战争爆发了。对我与边缘性而言，这具体意味着什么呢？

作为处于世界边缘的小国，从欧洲、美国的中心文化圈来看是一个不可思议的隐藏在阴影中的国度。在漫长的历史进程中，一直处于中国这个东方文化影响下的国家。但是，伴随着多半是受外来压力开始的近代化，从亚洲式的停滞中脱颖而出投身到西欧的激流中，开始剧烈的运动，进入侵略中国以及亚洲各国的帝国主义行列，不仅如此，近代化过程中爆发出的诸多矛盾，通过与欧美发生战争的形式显现出来的国家，这个国家就是日本。

我是在这个世界边缘的国家当中更加彻底边缘化的地方长大的孩子。原本我对刚才概述的这个大日本帝国并没有一个轮廓。当然也就不会意识到我是一个以完全边缘的状态生活在这个国家边缘的孩子。这其中包含复杂的内容,还是回忆一下那时自己的真实情况吧!

我在国民学校二、三年级的时候曾经写过作文。那是森林和田野里长出嫩芽的季节。年幼的我想要从宇宙的高度来理解自己生存的环境。那标志我已经零星读过一些并非面向儿童的科学启蒙书籍。明确是为少年儿童编写的科学、地理以及历史的书籍其叙述口吻完全是城市化的,也就是东京式的、中心性的叙述语言。正如前面所写的那样,就连宫泽贤治都是如此,我感到很难接近。

作为这个地球上、大日本帝国的……完全被国家主义的初等教育洗脑的孩子有这种想法是很自然的。因为写出了成长过程中发自内心的感情——出生在这里很幸运。但是,接下来详细描写了对于这种近乎怪异的喜悦所产生的心理活动。自己出生在四国爱媛县喜多郡大濑村的、甲地是多么幸福啊!从文章的接续结构来看,仿佛确信宇宙的中心就在自己生长的森林中的山谷!虽然出生在西方边缘的作家乔伊斯也做过同样的事……

但是,另外一件事情的发生,使一个典型的国民学校的儿童对抱有这样的想法产生内疚。前面已经写过，祖母和母亲讲述的神话传说和历史为我创造了联结宇宙独特通道的想法。所以，我不能轻易接受——天皇陛下是神，把宇宙和作为神的天皇纵向联结起来的国家宗教观。两者产生了矛盾。

对此，我在《M/T与森林中奇异的故事》的开头做了回忆。但这里所说的作文是在教室里的课桌上写出来交给老师的文章。所以，我把这个矛盾面向公共的方面消解了。设想一个联结宇宙、大日本帝国和这个森林中山谷的媒介性存在。

皇后陛下会保佑我们！

这是一种希望通过战时国家主义的教育宣传被绝对天皇制的中心所直接吸收同化的心理。即使我还是一个孩子也感到难以接受。因为自然地使自己植根于森林中的山谷这个地方，存在祖母和母亲讲述给我的这块土地上的传承。OKOFUKU就是一个用竹枪武装森林中的民众，反抗由中央政府赋予郡里最高权力的男子汉。

6

战后民主主义教育给予我彻底的解脱感，是因为存在这个背景。因为战败,天皇已经不是神了。皇后陛下会保佑我们!这个幻想也已经云消雾散。也可以说我重新确认了自己和 OKOFUKU 在一起的幻想。因此,我就不会被一种必须把自己生长的边缘与中心密切结合,否则我们就被不值一提的急迫感所束缚。这使我能够不加修饰地坦然接受自己所处边缘的丰富性。

这些都是我从十岁到十四五岁在森林中的山谷所经历的现实生活。我上了地方城市的高中,进了东京大学,没有多久就开始写小说以后,这个边缘与中心的问题才被有意识地重新理解。

解释荒诞现实主义的意象体系时,巴赫金强调其中存在死亡、诞生、成长、生成等变化的行进过程。这就是我在森林中的山谷生活时所感受到的那种边缘之边缘的场所将要发生和正在发生的一切。那些在森林的高处、村边河畔发生的、容易发生的事情。而且,正如巴赫金所言,在这样的场所,新事物和旧事物、死去的和出生的、变化的开始和结束,一起都真实存在。或者,至少是以连续的方式出现。在这种非常边缘的场所出现也全都蕴含正反两面的意思。

因为接触到由巴赫金理论归纳的这一切,所以,我终于明白为什么《巨人传》和陀思妥耶夫斯基的作品会那样从内心深处打动了我,令人感到与森林中山谷的孩子的经历形成不可思议的对照。因此，也可以说，这一发现在自己的内心深处培育成长，以写小说的方式进行验证。因为我在接触到巴赫金与山口昌男的理论之前就创作了《万延元年的足球队》。正因为如此，与他们的理论接触，带给我深刻的启迪。

童年时代，我本应该非常幸福，却因被至今仍未克服的失眠的初期症状所困扰，我开始恐惧死亡。黑暗中，我躺在被子里，每当听到座钟深夜敲响的报时声，对上次报时起经过的时间，和下次报时前更长的时间会感到恐惧。现在体验的时间长度的煎熬和再过几十年必须死亡的人生短暂的煎熬显然是矛盾的。但是，我对短暂人生之后，**自己死亡**时难以忍耐的时间长度更加恐惧。

我就这样处于恐惧和痛苦之中，而祖母和母亲讲述的死亡和再生，像咬住尾巴的蛇那样缠绕在一起。这样的传承故事则带给我鼓舞和力量。白天的我有时会认为那些传说既不科学，在山谷外面也不可能通用。然而，每到深夜，我又总是依靠它获得援助。我所创作的所有文学作品的原型也许就隐藏于那时在黑暗中为寻求拯救而拼命想象的故事之中。

第八章　成为虚构装置的"我"

1

在阅读托马斯·曼的《日记》（纪伊国屋书店出版）中的一九三三年——一九三四年那一卷的时候，一个中篇小说似的令人感到不可思议的故事浮现在眼前。那一年，为准备众所周知的瓦格纳讲演而出国的曼从此被迫进入漫长的流亡生活。曼担心有可能被当局从慕尼黑的家中没收那个特别的小旅行箱因此成为故事的主角。

四月三十日的日记已经非常清楚，离开德国不久，曼就开始痛心疾首地担心他一生的秘密被曝光，将会受到致命的伤害。结果，五月二十日那个旅行箱回到他的手上，当确认日记也回来了以后，一直提着的心总算放了下来。但是，曼却在其后的一年中亲自公开了小旅行箱中的日记内容。

八月，曼于一九二七年在疗养地结识的一位教授突然来访。那时，曼曾经对教授十七岁的儿子库拉乌斯怀有深深的爱意。九月，接到通知说库拉乌斯也许会来曼逗留之地。"如果能在这里见面，将会成为神奇的邂逅，还是不见好。如果用人性的尺度来衡量，那是我最后的——也是最高的激情。"

曼写到，又过了四个月，再一次重读从小旅行箱里取出的日记。那是库拉乌斯来曼的家做客和曼去库拉乌斯家相会时的日记。"我印象最深的是，心中感到实现幸福的喜悦，同时还回味着最初的体验，即与A·M以及后续几个对象交往的体验，这些也都和迟到的令人惊叹的幸福一起叙说，通过这最后的幸福，这一切得以实现，我也受到安慰和报偿。"一般认为A·M的原型就是特尼·克莱格爱慕的少年。

曼的日记里这样的回忆随处可见，如果再发掘一下的话，就是引用上文记述的十天后，曼记下了看电影的观感。"昨天又看到了。对我来说，难能可贵的是德国电影能够提供别国电影几乎看不到的东西，即观看年轻的肉体——尤其是男性的裸体——之快乐。"

即使生前的日记不会公开，曼还是忍不住再一次写下那曾经使他担心整个一生陷入危机的小旅行箱中的日记内容。小说家就是这样，他们难以忍耐不讲述自己那份令人心动的秘密。而且，一旦打开叙述的闸门，就会变得厚颜无耻、喋喋不休。

从读者的角度来说，尽管是通过文章，但是会对这样叙述**自我**的小说家，也就是有告白癖好的怪物产生兴趣。尤其是日本的"私小说"是靠这种小说家与读者意识上的同谋关系形成的。这些读者是一个特殊的读者层，他们与一般读者不同，是一群近距离生活在小说家以及文坛周围的人。葛西善藏、嘉村矶多、牧野信一就是这样的小说家。如果把他们和上一代的岩野泡鸣、下一代的太宰治一起画成一幅示意图，关于我国"私小说"的独特性，就能传达出明确的信息。

我们的这些前辈作家，不管是创作风格还是生活方式，和曼相比，好像都是完全不同的**生物**。同时，我不由得感到包括曼和他们在内的所有小说家，对于**自我**的觉醒，有共同之处。我要再重复一次，小说家就是这样，他们难以忍耐不讲述自己那份令人心动的秘密。而且，一旦打开叙述的闸门，就会变得厚颜无耻、喋喋不休。

2

刚开始写小说的时候，我采用了汉字书写的"BOKU

（我）"和假名书写的"BOKU（我）"作为主格叙述手法。但是，写成汉字的"BOKU（我）"和假名的"BOKU（我）"来叙事是否真正把作家的我的真实生活反映在小说中，应该另当别论。很年轻就开始写小说的我至少从意识上来说并没有打算从经验出发来写作。我想一贯坚持虚构的写作。尤其对于私小说，并不是刚才列举的那些独特的作家，而是有关志贺直哉的短篇和以此为范本而创作的当今那些小说家的作品，我并不认为那是文学作品。实际上，以正统性的**文章**而自负的他们才是占据文坛主流的人……

特别是作为一个年轻的作者，我梦想怀着所向披靡的想法。我下决心要在与现实生活不同的层面，能够而且必须仅仅依靠想象力来创作小说。

作为这个想法的直接标志，我回想起一件事。我每当读到私小说作家叙述自己年轻时与伙伴交往的文章中，谈到遇到某种体验的时候就想到或者一起议论过"这可以写出来"之类的话，我感到滑稽，更感到奇怪。自己能够写几部长篇小说的时候，从未打算对其中的人物设定模特。

从《拔苗击仔》中的"BOKU（我）"和"弟弟"身上都找不到我和家里人谁是他们的模特。《万延元年的足球队》中的"BOKU（我）"，即根所蜜三郎以及他的弟弟鹰四也是如此。假如我去见参加反安保学生运动而受伤的学生，或者因此退学的学生，做类似采访的话，那篇小说也许会产生另外一种真实性。但是，我甚至觉得没有必要这样，而且认为小说家没有权利采访因为那样的目的而受伤的伤者。

阅读同辈作家阿部昭的作品，我对他怀有敬意的同时，也自觉意识到，我不打算这样写自己和家族，这些优秀的私小说与自己的作品是完全不同的体裁。

然而，上面那些有意识明显脱离自我经验的小说，经过一段时间后重新阅读，反而会发现其中留下了各种具体经历的痕迹。阅读这些小说时，从未梦想过要写小说的少年时代，对于事物和风景的观察情不自禁地浮现在眼前，那种怀念自然会感受到。

另外，年纪轻轻就成为小说家的我，此后，难道不是失去了重新体会从小说中完全切断自我体验的机会吗？从那以后，我的现实生活体验不就全部变成了小说家的体验了吗？与此同时，我创作《拔苗击仔》和《万延元年的足球队》的过程和作品总体也成为生活在这个世界上的我又一个经验的积累。文学表达，简而言之，就是新的体验，重新体验，也是深入体验。已经步入老年的我首先清楚意识到的就是这个想法。

3

尽管如此,我也曾写过像私小说那样,以等同于现实生活中的小说家"BOKU(我)"为叙述者的小说。《新人啊,觉醒吧》就是这类小说。我在初期创作了许多短篇小说后,暂时告一段落,有一个时期把重心移到长篇小说的创作上。其后,从《倾听"雨树"的女人们》重新开始的系列短篇连载的形式与《新人啊,觉醒吧》有直接关联,我觉得意义就在其中。

私小说本来就是适合短篇小说的体裁。有私小说作家以"BOKU(我)"的叙述方式创作的长篇小说。但是,只有小说家具备一定水平的实力,这样的小说才能逐步接近普通小说的形式。只是,通常情况下这些小说达不到西欧意义上普通小说的水平。选取作为叙述者的小说家的现实生活和内心世界呈现出来,这才是私小说的典型模式。

我在创作《新人啊,觉醒吧》之前,也一直在小说中描写我与残疾儿子的共同生活。《教给我们战胜疯狂的生存之道吧》之外,还有两个中篇和《洪水淹没我的灵魂》《摆脱危机者的调查书》两部长篇。我觉得把这些作品定成为中篇、长篇是必要的，这使我走向与私小说不同的创作道路。

《新人啊，觉醒吧》作为系列短篇的结集，整体写完后相当于完成了一部长篇，构成它的每一篇作品都是短篇，我把自己和长子的生活作为我的——或者我一家的——小说来写。但是，我并没有打算完全按照私小说的传统方法来完成自己的短篇系列。首先有"BOKU（我）"这个作者。作为描写对象的人物是带有残障的孩子和包括他的父亲——我在内的家庭成员。我感觉仅仅这些人物不够充分，于是，作为第三个要素，我加入了另外一条线，即解读威廉·布莱克的预言诗。

从这个侧面来看，《新人啊，觉醒吧》是我为注释布莱克所写的小说。在这一点上，它和私小说完全不同。因此，通过阅读布莱克，我接连不断获得的新光源照耀着残疾的儿子，也照耀着和他共生的我以及全家。通过创作这篇小说，我相信对儿子的理解不断加深，但是，我更加彻底地理解了和他在一起的我自身。那就是正视不知不觉地被**灵魂问题**所困扰的自己。从这个意义上来说，我还是作为自己的私小说来写的。

写完了《新人啊，觉醒吧》的系列短篇，与残疾长子之间的问题并非已得到解决。随着时间的推移，总是不断出现新的困难局面。于是，我又创作了《"赎罪"的青草》这样的作品。我仍然把解读布莱克设为一条主线，是因为作为小说的成立情况相同。

不仅如此，在这部稍长的短篇中集中引用了我自己以前的小说。对《新人啊，觉醒吧》的引用不必说，《倾听"雨树"的女人们》《爸爸，你去哪里？》，还有《教给我们战胜疯狂的生存之道吧》，甚至长篇小说《同时代的游戏》，还有一处引用自一篇散文，这篇散文发表在大儿子所上的那类福利学校机构的机关刊物上。

为什么要引用这么多种自己的作品呢？是不是因为有这样的理由呢？既然我作为一个小说家长期过着写小说的生活，我如果创作私小说的话——从年轻的时候就开始写小说，除去写小说以外私生活简单，在这样特殊的现实中生活的我要创作私小说的话——必须把自己写的小说，与自己生活的现实一样，当作小说的素材是理所当然的……

而且，听起来也许有些奇怪，我还发现在这个短篇中，我竟从当时还未动笔，后来成为长篇的《致令人怀念岁月的信》中，借用了一节（虽然不是逐字逐句引用）。

4

我运用日本近、现代文学特有的私小说这一形式创作了几篇小说。为了纠正、修补私小说的形式带来的弊病,我用布莱克作为另一个支柱。《致令人怀念岁月的信》也是以这篇《新人啊,觉醒吧》为出发点,以《"赎罪"的青草》为媒介进行尝试的手法创作出来的。这是以长篇小说的形式,确立我创作方向的作品。小说回顾我的人生经验,从森林中的山谷出发,一直写到成为小说家,和残疾的孩子一起生活的日子。

在《致令人怀念岁月的信》中,我对但丁的解读发挥了重要的作用。这和《新人啊,觉醒吧》中布莱克发挥的作用相同,与《燃烧的绿树》中叶芝应该发挥的作用也一样。我就是这样积累了一生的经验而形成了自己的小说方法。

通过创作《致令人怀念岁月的信》,自己虚构的小说进入现实生活中,我把它看成过去的实际生活,这些虚构又成为下一部虚构的基础,这种复合型的结构成为我的小说模式,这种模式成为我后来小说方法上的重要资产。在这一点上,我也许可以称为日本近、现代私小说的解构者。

原本创作出来的小说都是虚构。从语言的基本性格来讲，只能如此。这首先是我高中时代——当然，它总是在改变性格——发现的命题。现在想来，这只能说是一个滑稽的偏颇的念头。这一想法来源于文章中会存在加缪式和萨特式两种根本不同的分类。

打算用语言来表现某个主题。也可以说想要描写某个场景。如同攻占山上的城堡，先包围山脚一样，通过掌控周围的一切，来实现表达的目的。虽然现在已经搞不清楚依据什么，但是，我把它看作是萨特式。这也是我总是担心自己的表达方法上在这个侧面存在缺陷。从那以后，过了不到十年，我在反对OAS（Organization of American States，美洲国际组织）游行持续不断的巴黎，与萨特隔着一张桌子面对面坐着，倾听与我少年时代感受到的萨特式完全相同的讲话语调——尽管我当时的法语能力还不能完全听懂——我沉浸在令人怀念的思绪中……

但是，对于高中生的我只不过试图尽力模仿萨特式，并不能充分把握对象，遗漏的东西很多。总觉得没有清晰地把握对象。总有一种感觉，无论堆砌多少辞藻，自己都无法充分把握这个主题，不能准确地描写出这种状态。

与此相反，尽管依靠自己幼稚的思考能力和观察能力，有时也会觉得通过语言能够准确地表达某个主题和某个画面。依靠他人的表达有时会有一种的确如此、一语中的感觉。我把这种感觉称为加缪式。从对面山顶上，用强弩射中山顶城堡中心塔上的旗帜。不必采用从山脚下，稳打稳扎地进攻山顶的做法。当然，我也从这种认识或者决心中意识到，用萨特式做到十全十美是不可能的，这令我有些灰心。

总之，我似乎认为语言表达如果不按加缪式就不能完全达到目的。而且也担心这种做法也存在不确定性，不具备所需的条件。于是，我很难过地承认自己属于加缪式的人——我并不认为自己对于加缪的方法烂熟于心——而不是一个萨特式的人。这也是我在法文学科执着于读完萨特所有作品的原文著作的原因。

尽管如此，随着年龄的增长，我逐渐有了超越自己制定的二分法的构想。那是在我开始写小说的时候，当时，我决定用和自己设定的语言不同的语言——我当时并没有意识到——尝试创作自己的作品。

写文章的时候，我创造了语言模型。我既不是很辛苦地往山上进攻，也不是从这边的高处用弓箭瞄准，而是，运用语言创造应该解释的主题、应该表达的状态模型。这一模型与攻城拔寨获得的，或者与隔着峡谷射到的是同一个核心。创造出这样的模型时，我才实现了完美的表达。

这种想法就成为刚开始创作的我这个年轻小说家的准则。

这只是从一个方面，用一种无奈的方法想到，表达并非实际表现对象，只不过是创造语言模型。也就是说，我是一个书桌上的猎人，并非捕捉真正的猎物，而是用语言制作猎物的模型。在不断积累狩猎经验的过程中，我再一次对自己当初所说的话深信不疑。

写出来的小说都是虚构。

5

从三十岁到四十岁，我和残障孩子的生活，以及由此不断更新的内心生活成了我人生最重要的课题。为了在小说创作中重新审视自己的生活，我意识到要在方法上不断创新，不厌其烦地尝试了各种技法。因为这是小说家探索人生的方法，反复试验是常态，除此之外别无他法。正如前面提到的那样，经过从少年时代末期开始反复的尝试，我似乎已经意识到自己的做法并不成功，所以，并没有刻意尝试按照私小说的基本形态，围绕自己日常生活中与长子的关系进行创作的现实主义这一方法。

有许多小说都是从正面描写与残疾孩子的共生。而且，其中大多数令人感动，作为记录也很珍贵。我没有那样做，是因为我觉得有些东西采用从山下向山顶围攻的方式很难把握，而且，这些东西才是促使我写小说的重要目标。我有一个根本的想法，那就是，不借助实际的小说而抽象地讲就会模棱两可，像自己这样生活，这样写小说，触碰到眼前的灵魂问题，采用从山下进攻的做法怎能做到呢？

不过我也并未因此而想到，尝试把与残疾儿子共同生活中某个瞬间清晰浮现出的灵魂问题，像隔着深谷一箭射中旗帜那样，写成一个短篇。因为我知道，文学表现的确很重要，但是，与此同时，和儿子共同生活的日子不断持续更加重要，我的灵魂问题正是植根于此，所以，尝试从那些持续的日子中分离，剪切某个瞬间的绝技也是不得已而为之。

《洪水淹没我的灵魂》《摆脱危机者的调查书》就是这样的例子，我也曾尝试把我和儿子共同生活的课题与主人公的灵魂问题集合起来进行虚构。前者大致受到评论家的支持，而后者基本受到否定。但是，我感觉评论家对待这两部作品的态度都是与作者本人距离很远，当时，我和评论家之间的关注点毫不相干。

但是，这也在情理之中，如果必须有人承担责任的话，就是作家。因为我一心扑在思考我与孩子的共生以及与此相关的自己的灵魂问题，而没有考虑开辟与评论家这一读者代表之间相互理解的通道。

实际上，我已经意识到这一点。那么我用心去开拓评论家以及他们所代表的读者之间的通道了吗？并非如此，恰恰相反。我放弃对虚构的刻意追求，而是更具体地把我和孩子的共同生活以及自己的灵魂问题——如果能够通过深厚的根基与孩子灵魂问题结合起来的话，就不必实现更大的理想——写进小说里。

与此同时，我在四十岁刚开始的时候重新阅读了布莱克。因为我感觉到自己与孩子的共同生活为中心的日常生活中有实际需要。这样，阅读立刻扩展到但丁、叶芝，然后，如同需要得到旁人的帮助那样，转向对于弗兰纳里·奥康纳、西蒙·拜尤和奥古斯提努斯，还有古诺斯提克的阅读……

在这个过程中，构成新的小说模式的形式自然就显露出来。阅读布莱克，深入思考与孩子共生的意义，勾勒其背后微光中若隐若现我自己的——还有儿子的——灵魂问题。

这就是《新人啊，觉醒吧》的出发点。通过阅读与思考布莱克，不断出现明亮的光芒，重新照亮我和孩子在一起的日子。对于我来说，通过阅读布莱克充实自己的生活，这也是我与孩子共同生活的依据。布莱克进入我的日常生活，我经常意识到追寻着孩子的身影迷失在布莱克的预言诗中。或者说，就像以每一次觉醒为内核形成结晶那样，短篇小说都是结晶形成的。

《致令人怀念岁月的信》同样也是在阅读但丁的生活中创作的。在创作这部长篇小说时，回忆起自己少儿时代以来的人生以及留下足迹的森林中山谷的地形时，我也获得了一种不可思议的体验。我在《新人啊，觉醒吧》中使用了清晰的虚构，一旦在《致令人怀念岁月的信》中再次使用，就强调比实际的记忆更加鲜活、更加真实。我就像患了文学阿尔兹海默症，分不清自己以前写的文章中，哪些是依据事实，哪些不是依据事实。《致令人怀念岁月的信》中读起来最具有真实感的部分是在森林中的山谷"老宅"里阅读但丁的虚构人物——Gii 大哥，更加真实的是他所解读的《神曲》。而且，我就像最正直的私小说作家那样，内心希望和 Gii 大哥一起声明：我就是这样生活的。在《燃烧的绿树》中，我把作为前面那个 Gii 大哥重生的新的 Gii 大哥从虚构的世界重新带到现实世界中来开始推进。原本那是小说写作技巧的问题，也就是说当下的我只有通过这种方法才能追寻到自己生活在现实世界的灵魂问题。我作为小说家的人生就这样把颠倒的形式固定下来。

第九章　复活的浪漫主义者

1

由 END（欧洲核裁军）引发的重组西方核军备结构与东方的反体制势力相呼应，以此作为废除世界核武器的开始。在这场运动中存在令人惊讶的现象。针对法国重启核试验，是否认为是与废除核武器的历史潮流背道而驰，这直接反应在对 END 是否抱有希望的态度上。

当我对法国重启核试验表示异议时，受到了好几位日本的"法国通"的攻击，他们透过电视和报纸批评我不了解欧洲的战争经历，尤其不了解法国的特殊情况。日本法国文学会甚至否决了向法国驻日大使馆提出抗议的提案。

像我这样一直关注 END 运动的人尤其对英国历史

学家 E. P. 汤普森怀有敬意。苏联刚刚解体，我在欧洲旅行的途中，对汤普森发表在报纸上的文章留下了深刻的印象。

现在，东方阵营发生的体制解体被看成是西方阵营通过努力获得的胜利和骄傲，这是不对的。这只不过是包括西方阵营在内世界整体出现巨大危机的最初征兆。

虽然没有人会认为我们国家有人为苏联解体做出了贡献，但保守派评论家们却一直很亢奋，这令人感到可笑。这种状况现在依然持续。到了这个年纪，我也认识到能够理解别人的言论才是最大的自由。但是，如果我国的领导人没有一种洞察力，能够认识到苏联解体是世界整体出现巨大危机的最初征兆的话，那么，日本这个国家面对眼下已经显现出危机的第二局面将是软弱的。难道我们周围已经危机四伏的征兆还不够明显吗？

E. P. 汤普森已经去世，他从八十年代就致力于废除核武器的运动，因而拖延一些历史研究成果直到晚年时才得以整理出版。十七世纪英国基督教少数派提出异常尖锐的不同学说，这种思潮以各种方式影响了十八世纪，也影响了布莱克形成了其独特的思想。提出这些观点的《挑战怪物的证人——威廉·布莱克和道德准则》令人受益匪浅。1996 年面向更广泛读者出版的皮特·阿克洛依德的《布莱克》也是参考这部著作才写出来的。

（E. P. Thompson "Witness Against the Beast" Cambridge，P. Ackroyd "Blake" Knoph）

尽管现在没有篇幅介绍这本书，但是为什么还要从这里写起呢？是因为我要强调，自己对社会的态度，对超越社会或现实的灵魂课题的态度，甚至两者的综合，基本上都是受教于 E. P. 汤普森。如果把视点从汤普森转向布莱克，从根本上说我所受到的启发直接与浪漫主义相关。

2

在集中阅读布莱克及其研究者的著作时，卡萨林·雷恩下面的这段话铭刻在我的记忆中：新柏拉图主义如同流动在西欧文化深处的地下水，适逢各个不同的历史机遇，它就会喷涌到地面，绽放出独特的花朵……

观察文学的历史，同样流动在深处的巨大地下水脉就是浪漫主义。在欧洲，无论被称为浪漫主义的文学运动出现以前，还是以后都是如此。例如，拉伯雷就是浪漫主义的地下水最壮观的喷发，君特·格拉斯和加西亚·马尔克斯也可以说是当今的喷发。

当今的诗人，那就是威尔士的 R. S. 托马斯。与托马斯的故乡隔海相望的爱尔兰大诗人叶芝自称是"最后的浪漫主义者",与此相反,我想把托马斯称为"复活的浪漫主义者"。

因为我国在战前存在一个叫作日本浪漫派的奇特流派,而且,战后的研究者又未将其与真正的浪漫主义进行对比研究,所以,现在我国的浪漫主义存在偏颇。我希望我们的文学也会喷涌出具有创造性的崭新的地下水,期待年轻学者对浪漫主义重新做出正确的定义。

前面也曾提到 R. S. 托马斯曾经满怀敬意地谈论老前辈柯勒律治的诗和散文。托马斯与柯勒律治的诗歌风格完全不同,但是,托马斯显现出深受柯勒律治想象力观点的吸引。我觉得无论是柯勒律治还是托马斯,他们对于想象力的理解真正体现了浪漫主义的核心。

纵观英国现代诗,托马斯难免会被认为是有些落后于时代的非主流,针对他独特的诗歌风格,威尔士的晚辈学者满怀敬意发表的评论中有这样一段文字——战后英国的诗歌对于诗人的作用、影响力并没有多少期待。W. H. 奥登写道:"不能指望诗歌会发生什么。"但是,托马斯本人在威尔士做过英国国教会的牧师,他认为诗人必须和神职人员一样做道德和精神上的指导者。

有关诗人的社会责任的这些观点正是植根于浪漫派的理想主义之中。在柯勒律治身上尤其明显。托马斯也曾写道，对于自己来说，想象力这个词的意思是由柯勒律治定义的。想象力就是"终极的真实（reality）……也就是我们为了和被称为神的存在接触，对人的心理来说，所能感知的最高方法"。

另外一位研究者也对托马斯关于浪漫派想象力的理论表示钦佩，其标志就是他引用了下面这段话："世界需要联合起来的想象的力量。带给我们想象力的两个最佳途径就是诗歌与宗教。科学可以带给我们想象力，但是也会毁坏它。"

由于我把布莱克放在自己关注诗歌的中心，所以我决定从英国的浪漫主义开始学习。关于如何理解他的宗教心理，即使参照文章开始提到的 E. P. 汤普森实证性的新研究指明的方向，还是不能一概而论。正是因为存在复杂的深度和无限的宽度，对于像我这样没有宗教信仰的人，在思考自己的灵魂问题时，布莱克也会成为既柔又刚的精神支柱。

同时，直至因为反抗英国国王的叛逆罪受到审判，布莱克所表现出的对现实政治、社会现状的直接而激烈的想法都和同时代的浪漫派、尤其是柯勒律治紧密相连。正如前面所述，这一切受教于戴维·V. 艾德曼。前面所提到的汤普森的书，尽管承认自己的观点与艾德曼不同，但是也要献给当代最好的对手。

布莱克和柯勒律治对现实政治与社会状况表现出强烈的愤怒，同时，把深邃的目光投向超越人类的神秘事物，我从这样的态度中感觉到两者出自相同的源头，并愈发受这种态度所吸引。

他们二者相通的根源就是想象力。对布莱克而言，所谓想象力就是现实。想象力枯萎，不起作用的现实，仅仅眼前所见的现实，并不是真正的现实。我刚才用原文引用的柯勒律治讲过的 reality 这个词也可以重新翻译成现实。但是，作为我个人，我希望通过经验和工作以及哲学思考触及柯勒律治的根本态度。对我而言，与诗歌相比，我也想通过以小说为中心的文学整体和对于神秘事物（尽管还没有固定的宗教）的期望这两点，即依靠想象力的力量，把这个世界归结为一体去把握。为了确信自己曾经出生，曾经活过，而且活在当下，虽然会死去，但是不能枉活一生，为了确信这样的世界。

我写小说正是因为我对这个世界寄托希望，今后还要继续写小说也只有这个原因。通过把布莱克和 E. P. 汤普森联系起来，把柯勒律治和托马斯联系在一起，"复活的浪漫主义者"就更加清晰，我也想作为一个"复活的浪漫主义者"来面对今后的生死。

3

我借编辑《大江健三郎小说》的机会,对自己作家生活中创作的所有小说能够做出总结和展望。我是否准确地描绘出自己生活的时代和社会呢?这次我省略了现在作为新潮文库版还一直再版的长篇小说《我们的时代》《迟到的青年》和《日常生活的冒险》。《迟到的青年》作为一部自传性的小说,描写了第二次世界大战期间直到战后,一个出生在日本农村,后来到东京上大学的青年的故事。这部小说被翻译到苏联和东欧圈,受到读者的广泛关注。我之所以在编辑全集版的过程中,没有把这部长篇和其他两篇一起编入其中,是因为我觉得这部长篇和其他的几个长篇、中篇、短篇一样,作为小说的形式不够完整。如果在我的作品系列中,唯一按照时间的顺序描写同时代的《迟到的青年》完全具备小说的形式的话,我会把它收录进来,使自己作为小说家的整体形象立体地呈现出来……

自从意识到《迟到的青年》失败以后,我再也不想写编年体的小说了。我采取的方法是选取窄小的范围让小说纵向展开,在其中引入多种时间系列。《万延元年的足球队》中，根所兄弟回到森林中的村庄到悲剧结束的短暂时间与百年的时间重叠在一起，成为我后来长篇创作的基本形式。归根结底，我的小说创作方法也许来自青年时代开始一直阅读的陀思妥耶夫斯基，甚至来自一直阅读的福克纳。

尽管如此，我总是向往在一个宏观的视野内按照自然时间顺序创作的长篇小说。我现在也会关注和自己生活在同时代的作家用这种手法创作的长篇——例如加贺乙彦的作品。虽然自己迄今为止没有创作出成功的作品，今后也没有写出来的可能，对于长篇的形式已经失去信心，但是，我一直对国内外作家的长篇创作保持关注。

对于我来说，用编年体书写同时代史的方法创作的文章反而是那些未收录在本全集——将来也不会考虑把所有形式的文章收集在一起的全集——的随笔和评论。

这一类文章包括我作为小说家的前半生创作的，现在通过讲谈社文艺文库可以阅读到的三册全随笔集，以及岩波新书版的《广岛札记》和《冲绳札记》。我在写这些文章的同时关注着同时代。我也试图通过现实的运动实现自己在文章中许下的诺言，而参加了一些社会运动。如果说产生了什么实际效果的话，老实说答案是悲观的。其实，从一开始我就没有期待自己对于同时代的发言会取得实际的成果。这也许就是我的随笔和评论的基本形态吧？

我从二十岁后半期到三十岁，在经常参加的社会性、政治性活动中，未曾被一时作为同事的顽强的市民活动家、作为运动理论支柱的评论家、大学教授们接纳为可以信赖的伙伴。而且，对这样的事态我有自己的理解，我并未对于把一个非常知名的小说家当作集会和游行的装饰这件事——从作为装饰品失效了的大学纷争时期，我就不再被邀请参加集会——表示不满。

这是因为我的内心有自己的动机。我写社会性和政治性的随笔和评论是为追求什么而参加与之相关的游行和集会呢？我是作为浪漫派写那些文章，参加那些游行和集会的。我现在通过研究布莱克—E. P. 汤普森以及柯勒律治—R. S. 托马斯这一谱系就能获得这个简单明了的答案。

当我回顾自己这样参与现实社会和同时代的世界时，我又想起被看作当今浪漫派的乔治·凯南（George Frost Kennan）晚年的态度。作为美国的外交官，凯南在第二次世界大战结束之后，完成了一个巨大工作，堪称制定了东西两大阵营之间的冷战框架——对于二十世纪的人类状况来说，未必受到正面的评价。但是，他的晚年奉献给了担忧世界核状况的各种言论活动。

他向二十世纪后半叶的人类呼吁，这个地球环境不是我们创造的，我们只是保管它，应该把从上一代继承的一切交还给后代，至少不能把地球弄得更糟。没有比用核武器破坏地球的亵渎神灵的行为更可怕的了。在他声音中回荡的就是与布莱克以及柯勒律治直接相连的、忧郁的浪漫主义激情。

作为实际问题，凯南非常了解外交专家和政界掌权者们对于核武现状的犬儒主义。核武器可以成为给人类带来诸多的问题、具有破坏性的科学象征。一方面存在巨大的威胁，另一方面存在人类渴望生存的祈祷。凯南和 R. S. 托马斯异口同声地说：将对立的两极结合起来，让这个世界朝着光明的方向发展，这才是两者联结在一起的想象力的力量。

面对核武器这个破坏地球、灭绝人类的最大的力量，我们别无选择地与终极的现实感接触。我想说，使我们不得不这样做，又能使我们为此发挥有效作用的就是想象力。而且，使我们与这种想象力以及**我们称为神**的终极现实感相接触的，也就是另一个想象力，不应该是相同的吗？

把这两者重合在一起思考时，对于我想称为神的巨大存在，即使作为一个没有信仰的人，我也会在瞬间有某种理解的感觉。这恐怕是因为受到了柯勒律治—布莱克,还有 R. S. 托马斯—G. 凯南的启蒙吧。

4

参与同时代现实社会的事件,而且是具有特定政治主张的游行和集会,就像前面讲过的那样,我从年轻时代就经常参加,但是,我一次也没有全身心地投入其中。这并非我心理上的自我防御使然。从接受者的反应中所显示的指标就可以辨别出来。在我的记忆中,我一次都没有受到和我一起行动的各类政治党派的——从大政党到市民运动层面,还有带有宗派性质的团体——掌权人物邀请正式加入他们的团体。

但是,客观地看这也许有些滑稽,我并非没有为每次参加的行动尽力。对我来说,那都是一些非常重要的工作。尽管如此,我无论参加什么社会活动,是否总是显示出活动开始之前才从书斋里出来的样子,在集会上讲演或者参加游行时,也总是显示出一副立刻回到书斋去的样子呢?

我在书斋里做的一直是"文学"。在一次座谈会上,修辞大师开高健曾经对我说过——对你来讲,妻子和情妇都是"文学"吧!的确如此,我不就像背着一个奇妙的鼓鼓囊囊的"文学"包袱来参加集会和游行，让政治运动的老手们颦蹙，不合时宜的人吗？

总之，在他们看来，我无疑是个半途而废的人，即使有所觉悟，也不能断言自己完全融入"同志"们的圈子里。我还是觉得从这样的参与现实社会的行动中，带着一些收获，为了自己的文学回到了书斋。在我小说中的体现常常就是充满反讽的作品……

尽管如此，从参加这些活动中受到的具体启示罕见地在我的小说中有了结果，作为积极的结果可以举出下面的例子。我首先从设计一个结构开始创作《万延元年的足球队》的故事，已经进入大城市的两兄弟回到森林中的山谷省亲，他们把自己的现在与百年前发生在祖辈的"老宅"中的事件重合起来进行验证，试图摆脱自己被多重封闭的状态。那就是我在小说中引入了一个单纯的但是足以发挥强大意义的隐喻，与各种各样的就像森林那样复杂的隐喻和象征形成对比。两兄弟的姓叫根所。那是冲绳各个村落祭祀性·政治性的中心场所NENDOKURU 读音的假借汉字。也就是说，根所兄弟的"老宅"作为森林中那片土地的 NENDOKURU 是一种隐喻。

我每次带着表面化的社会和政治性热点问题访问冲绳，在那里开阔眼界，学到的根本性的东西运用到创作中去的不仅仅这些。把中心（东京·天皇制文化）和边缘（四国的森林中山谷·民众文化）相对比，把自己的文学明确地构建在边缘一侧是我很早就做好的计划。实际上，我到访冲绳之后才认识到边缘的丰富性、创造性。同时，我又通过参加抗议判处诗人金芝河死刑的绝食，由衷地感受到了韩国民众文化的丰富底蕴。从那时起，我又重新回到大学时曾阅读过的拉伯雷的方向上。在亚洲的边缘这个层面，韩国、冲绳、四国森林中的山谷是相连的。前面已经讲过，后来应该通过巴赫金重新理解的拉伯雷荒诞现实主义意象体系，在这一时期，我全都看作自己的文学源泉。

以冲绳、韩国的政治热点问题为契机举行的集会和绝食抗议的现场，每当与坐在旁边的活动家和左翼理论家交流一两句话，我马上会从衣袋中掏出书，去面对我胸中发酵的文学构思。所以，被他们划清界限，有时甚至表现出明显的敌意，我想导火索也在我这一边。

5

将浪漫主义看作文学史中一直存在的暗流从地下喷涌而出的现象无疑对我的小说产生了影响。这很容易从我创作的小说中读出来。而且，有时重读世界文学的鸿篇巨著，例如《白鲸》《魔山》和《没有个性的人》这些小说，我总是认为，作家在创作长篇小说时的根本冲动在于浪漫主义。前面提到的小说，创作手法虽然各不相同，但每一篇都完美地描写出堪称浪漫主义地下水脉喷涌而出的情景。

我最近总是将浪漫主义的复活作为下一篇小说的问题来思考，那并不是开始创作已经有了具体构思的小说时，而是在幻想必须写的一篇"最后的小说"的阶段。对自己来说，就像年轻时养成的怪癖一样，从萌生"最后的小说"这个想法的过程中，我已经意识到浪漫派的心情。

十几年前，我在《为了新文学》（岩波新书版）的结尾中，叙述了自己对"最后的小说"的想法。使我产生这种动机的是前面提到的乔治·凯南晚年的工作。通过洞察核武器的世界动向，凯南意识到政治对于废除核武器的有效性，我从他的宣传中发现了重要性。又过了一段时间，为了制作1996年元旦播放的电视节目，我冒着风雪前往美国中部，拍摄了和越南战争期间美军的重要指挥官——在这一点上，也许可以与冷战体制的推手之一凯南形成对比——麦克纳马拉的对话。我至今仍然认为，NHK没有播放的部分，麦克纳马拉有关废除核武的构想和行动计划与我所叙述的有关冲绳非军事化的设想,以及他的赞同都具有重要的意义。

让我最受感动的是凯南站在走向穷途末路的浩浩荡荡的人群当中祈祷的态度。那也是希望躲过"核冬天"到来的危险祈求"生命之春"的祈祷。我在这种政治主张和灵魂问题相结合的想象力的作用中,看到了自己作为"最后的小说"想写的样本。

我在创作《燃烧的绿树》的过程中,并没有忘记心中对"最后的小说"的那份希望。我也不认为自己完全没有达到这个愿望。而且,我现在之所以重新构思"最后的小说",归根结底,就是因为至死也不能抑制自己心中浪漫主义者的复活。

第十章　小说家的生与死

1

在我从年轻时开始的写作生涯中，有关作品的细节，我与许多人进行过详细的交流。尽管至今还在森林中山谷里生活的母亲告诉我说，父亲从他人生的中期到整个晚年，能够促膝长谈的人不超过五个。遇到采访，和朋友或者陌生人聊天，我心中经常有一个可怕的疑问，如果对方问这种问题的话，我该怎么回答。我经常无数次想到这样的机会。

——你相信自己具有小说家的才能吗？

我不能想象自己会准备回答这样的问题。我不会为此准备答案，如果真有人向我提问的话，被逼到墙角的自己该如何回答呢？我决定倾听自己内心的声音，耐心等待，不必顾及提问者。我不就是这样做好心理准备的吗？

有人指出我作为小说家讲了许多也写了许多不寻常的话。如果现在写的一系列文章被作为证据摆出来的话，我无法辩解。而且，与其说是因为我作为小说家对自己了如指掌，倒不如说与此相反更合适吧？

我过早地开始了作为小说家的人生。这就是对于小说家的自己不得不反复讲述的直接理由。这样的小说家不可能幸福。

尽管这样，因为年轻时就过上了小说家的生活，我有幸结识了许多优秀的艺术家和学者。但是，仅仅只言片语的交流，基本都是沉默。尽管只是待在他的身边，但是我受到最大鼓励的是和音乐家武满彻在一起的时候。从年轻时做邻居开始，到他患上致命的癌症——有时想说被癌症缠上了——之后，每次见面都是如此。

每次收到武满彻寄来的书写工整的明信片，上面总是写着自己是如何没有创作音乐的才能！那样丰富、坚韧、畅快而又纤细的、作为音乐化身的武满彻的语言，充满幽默，至今都令人感到不可思议。

在这位公认的天才音乐家一生涉猎的几乎所有领域的创作过程中，我曾经多次听他讲述，他的首场演奏会也必定给我留下深深的感动。对于不断重复这些经历的自己来说，简直是不可思议。我每次读他的明信片，绝没有想过武满口是心非，或者是谦虚——究竟是为什么！

　　我完全相信他的话。我以近乎悲哀的肃然起敬的心情，联想到现在已经离开我们、在遥远的地方独自面对大量工作，内心深沉而忧郁的那个人，仿佛眼前浮现出内敛的身材匀称、矮小的身影。

　　武满曾经写过，有一个与充满这个宇宙、世界以及人类社会——也可以说个人的内心——的沉默相称的声音。那正是我一直寻找的。他就是这样试图创作出使巨大而深远的东西与天平的砝码相均衡的音乐。为此，倾听宇宙和自己内心的人即使慨叹自己创作音乐的才能渺小，难道不是令人尊敬的直率吗？

　　假设就在这个时候，出现一个恶魔，它滑稽地竖起黑色的尾巴，从武满试做的几篇乐谱中拿出其中一页来故作聪明地说，快看！这样的音乐还不够好吗？一瞬间，武满会表露出一种严厉的态度，欲把少年般的纯真和柔和从内心中分离出来，坚定地拒绝说：不，不是这样的！在这个过程中，他又朝着自己希求的音乐迈进一步。武满意志坚强，能够敏锐地控制无限深邃、柔和、清澈的内心，也能控制如同大海中的海带丛林那样层层叠叠、飘荡不定的内心世界……

虽然我听武满彻完成的音乐时，会有一种被推上巅峰的感动，但是，有时我坐在正一个人作曲的武满旁边，观察他作曲的样子，沉默不语，想着自己现在的工作中难以逾越但必须逾越的困难，这样的时间更重要，是其他一切都无法比的。

这个时候，如果我不由自主地向武满坦白自己的想法的话，我会**喋喋不休地诉说**，自己是如何没有文学创作的才能。以我的性格，一定会别出心裁，采用一种滑稽怪异的口气。于是，武满肯定会用清澈而又冷淡的眼光看着我——是的。你没有创作文学的才能！假如他这样说的话，我会不会茫然若失，眼泪流得稀里哗啦呢？

有一天晚上，这样的事情终于发生了。那一年，武满彻将为他喜爱的皮特·塞尔金（Peter Serkin）和理查德·斯托兹曼（Richard Stoltzman）所创作的乐曲改编成大型交响乐队与皮特·塞尔金的室内乐队"塔希"合奏的协奏曲。年末，武满来我家做客。我在评价这部改编作品时，批评了他的原作，武满当然做了反驳。我的长子光，在武满去世之后，创作了一个音乐小品，把他心中铭记的那一天发生的事直接命名为：1夜晚，2争吵，3再见。

2

作为小说家自己的内心存在怎样的结构，这些结构又是如何发挥作用的？每当想到这些，刚才所写的坐在武满旁边一直沉默不语的自我形象就会变成耐人寻味的具体意象浮现在眼前。我也在向武满学习如何倾听。我在寻找与扩散在宇宙、世界、人类社会，以及家庭、自己心中的沉默相互均衡的语言……

武满彻最好的朋友诗人谷川俊太郎写过一篇优美的作品叫作《侧耳倾听》。这首长诗的结尾是这样的，"侧耳倾听／明天／尚未听到的／流淌到今天的／小溪的潺潺水声"。谷川的这首诗，至少其中的一部分是作为鼓励内心郁闷的武满而写的歌吧？在他的身旁听这首歌，连我这样的小说家也会受到鼓励。

——你相信自己具有小说家的才能吗？

作为小说家才应该倾听那明天小溪的潺潺水声，处于前面所写的那种预备状态，假如耳畔再一次有人悄声对我说这句话，我会怎样回答呢？老实说，我甚至认为这样的提问对提问者来说答案是肯定的，但是，至少对于被提问的我来说，确实毫无意义。如果没有才能，对于一直倾听没有任何反应的、而且浮在表面的东西，也就不会陷于那种心中产生强烈排斥的奇妙状态。然而，也并不是仅有这种才能就能逾越现在遇到的难关。实际上，我就是这样侧耳倾听了近四十年。在不断超越难关的过程中写出来的作品，现在汇集成为《大江健三郎小说》。而且，面对下一部作品，我依然把自己当成没有写过任何作品的人，去侧耳倾听……

3

年轻时，我只在深夜独自醒来的时间写小说。因为光长大了一些，需要在旁边照看着他。于是，我改变了生活方式，从早上开始，在和他一起共同生活的空间写小说。在制作以我和这个残疾长子共同生活为主题的电视节目时，观众来信中有人质疑：你面向房间内部写小说是不是不太自然啊？作家的写字台一般不都是摆在窗前吗？但是，基于已经讲过的理由，我是一边照看着光坐在饭桌前或者躺在地毯上听音乐或者作曲，一边在膝头的画板上铺好的稿纸上写小说。

但是，正如前面写过的那样，我年轻时并非如此。我坐在书斋里的书桌前开始工作时，在旁边的卧室里准备睡觉的妻子会轻轻地和我道一声晚安。应答之后，我就不再想家庭，马上埋头小说创作。至少在某个时刻之前，我从未和妻子谈及正在创作中的小说。武满曾经写过，趁我不在家的空闲，他看到过书房的写字台上放着我正在创作的小说。把他带到我书房的妻子看到这个样子的书房也会感到很新鲜吧？总之，这种孤独的工作状态持续不断，当小说进展到某个阶段，不管写的是长篇还是短篇，我都会向妻子做如下汇报。一般情况下，我都是在天亮时睡下，快到中午才起床，坐在吃早饭的桌前对妻子说——**那种感觉**来了，可以放心了。

在开始写小说之前，或者动笔之后还是如坠五里雾中的状态，一味地对着语言侧耳倾听的内心感觉，刚才已经写过。所谓**那种感觉**，一般认为是与此成双成对的感觉。但是，单就反应而言，二者是完全相反的。也许任何一个小说家都很熟悉**那种感觉**，但是，迄今为止没有从正面切入认真思考过，在此，我打算尝试一下。

有些作家在小说开始之前，甚至要做准备性的调查和采访，连细节都计划好。至少很多作家宣称，只有这样做才开始写小说。例如，据说三岛由纪夫在最后一行未确定之前不会动笔。

其实，我在刚开始写小说的几年里，也曾煞费苦心地事先确定小说以怎样的方式结尾。虽说不至于最后一行——很快就意识到这没什么意义——但是，对于小说的结尾，如果不事先定好就会不安。这在《个人的体验》结尾处暴露无遗。这部小说，仅凭创作的势头就能意识到，小说在年轻的父亲决定接受天生残疾的孩子并且活下去的地方达到最高水准。本应该在此处大刀阔斧地结束小说。

可是，我作为一个年轻的小说家，未能舍弃小说开始之前就想好的计划。主人公鸟客观上完全不被认知为孩子的情节，与小说开始出现的鸟和不良少年格斗的情节相衔接形成对称，改变其形式再现出来。我一直拘泥于这个结尾的构思。三岛由纪夫所批评的，就像一个被制片人反复劝说结局一定要大团圆的导演，这样的否定一语中的。然而确信并且公开宣称小说必须按照最初的构思结尾的正是此人。

如果谈到小说创作的心理状态管理的话，长篇小说尤其应该注意，不要关注比创作当天的劳动所能覆盖的部分更远的地方。可以说能否将前面的事情暂时放下，让自己集中全力投入到当天的劳动中，这是职业上的秘诀。在创作《万延元年的足球队》时，我通过体验明白了这个秘诀。

我明确认识到**那种感觉**的力量出现在创作长篇的过程中，也是在创造这篇小说期间。每一回连载的容量都很多,这种连载发表的形式令我苦不堪言。最后的一章叫"再审"。到了连载的后半段,责任编辑德岛高义比原定计划给我多加了一回,这直接关系到"再审"这一章是否成立。大概是他在看小说的过程中,觉得还需要一些空间。我自己也对前面的进展感觉到不满,对回到老家的根所兄弟中的弟弟自杀必须全部支撑故事的结局不满意。如果这样合适的话,小说最终章之前的一章应该全都包含进去了。

大概是在写这一章前半部分的时候,有关成为1960年代根所兄弟各自行动方针的父辈们一百年前的行动,其完全颠覆传承的根据扑面而来,令我文思泉涌。山谷中的新兴势力购买了带仓库的老宅,在拆房的过程中,发现了隐藏一百年的地下室。对弟弟来说,地下室折射出与成为过激行动模式的百年前父辈的行为具有截然相反的意义。因此,活下来的哥哥才有可能走向重生。虽然,还是有人批评出发去非洲的结局,我也认为批评是正确的,但是,我对这个结尾也很满意。

一开始,我根本没有构思出小说以这样新的展开来结尾。在写结尾的前一章后半部分的过程中,产生这个构思的想法作为**那种感觉**出现了。平时写小说的精神与肉体的运动准备好了滑行跑道,然后,出人意外地滑行升空,迄今为止互相关联而展开的小说到达另外一个层次。这里所说的**那种感觉**就是产生这一切的力量。**那种感觉**就是这样到来的。一旦在《万延元年的足球队》中清楚地体会到,我就发现在以前的短篇小说中,尽管规模较小,也一直存在。因为总是在**那种感觉**到来之后,我才会忘记自我,集中精力写小说,以亢奋的状态、惊人的速度结束小说。

仍然是三岛由纪夫,他曾经写过:写完小说时的感觉中有一种别人难以体会到的喜悦。他写完最后的长篇后,次日闯入自卫队驻地的举动大概就是基于这种亢奋感吧。

我本人长期写小说,在不断体会**那种感觉**到来后小说结束的亢奋感时,开始警惕自己的亢奋本身。于是,我要求自己在创作过程中,恢复平静后——假设用躁郁这个词来表示的话,就是去掉躁剩下郁的状态——由自己修改亢奋状态下写出来的作品。

改稿至少两遍大多是三遍,这种亢奋状态就不会持续了。我已经说过,那就不会感觉到创作的喜悦。但是,说到刚开始写草稿时的那种自己能否写出新小说的、根深蒂固的不安,早已经克服了。因为**那种感觉**又一次到来。

于是,一个有助于我们思考**那种感觉**特性的线索就浮出水面。——因为,你相信自己有小说家的才能吗?

这一令人灰心丧气的喊叫声在开始动笔的时候会不停地回荡在耳边，但**那种感觉**到来的时候，已经听不到余音，开始改稿以后，会不停地受到来回飘荡的叫声折磨。

也就是说，在此可以下这样的定义，**那种感觉**就是才能的**标志**。但我并不认为，**那种感觉**到来之后完成的小说全都是成功之作，这些作品就证明自己作为一个小说家的才能。对于创作完成的作品的评价，小说家本人能够做出冷静的判断。随着时间的推移会更客观。我刚才的定义想要解释的仅仅是，如果**那种感觉**没有到来的话，小说家就不能真正地意识到自己是写小说的。

在与谷川俊太郎的交谈中我清楚地意识到，好像诗人就是那些能够纯粹地接受灵感到来的人。但我绝不认为谷川这个诗人中的诗人对写诗抱有乐观的态度。

作为小说家思考来到自己面前的**那种感觉**，就我而言，我不能把它看成纯粹脱离其他条件的，从头顶飘来的灵感。首要的是没有那种感觉的条件下写小说的过程。如果没有具体造出滑翔跑道的话，**那种感觉**是不会到来的。其证据就是，在写小说之前，或者在写小说的过程中因为某种理由暂时离开的期间，来到自己面前看似奇妙的构思实际写出来一看，马上就会清楚那是一个无足轻重的偶然想到的念头。

因此，我就回到最初所写的那个自己，那个倾听宇宙、世界、人类社会以及个人内心，睁大眼睛，寻找与弥漫其中的沉默相均衡的语言中的自己。当我动笔写小说的草稿（而不是笔记的阶段），追求小说的一个整体的时候，正是积累起来的语言在正在创作的自己和正睁大眼睛倾听巨大沉默的自己之间架起了一座桥梁。我以前称之为滑翔跑道的东西，其实应该叫作桥梁。

当这座桥梁架起来的时候——**那种感觉**到来时，我作为小说家，作为一个具有独自内心世界的个体，才真正生活在这个宇宙、世界以及人类社会中。这比起确认自己有没有才能更重要。因为，这或许比起创作完成的作品本身更具有本质上的成就感。

近四十年来，我一直是这样的体验。由此造就了一个我这样的小说家。现在的我就是这样活着。而且，也开始关注与自己并非遥远的死亡。

4

在这个国家绝对称不上有什么成就的历史学家和文学研究家，还有作为国家艺术机构的当权者的作家，到晚年，开始发表**忧国忧民**的言论，有些甚至成为畅销书。这与凯南、汤普森以及托马斯为世界担忧而脚踏实地著书立说完全相反。期待这些新爱国者出现，在这个国家的民粹主义膨胀的趋势下，会进一步繁盛。这不仅在国内，从国外来看，也为提供新奇的日本人形象发挥了作用。

看到这一切，我意识到的是，即便像老年人留下遗言那样，也不能不写**忧国忧民**的文章，这样的动机完全是谎言。他们只不过是在自己原来的领域没有什么可写的了。这也暴露出他们一生的工作与本质上的积累以及由此产生的自然结晶没有关系。你们**忧国忧民**也很好，可是，难道没有更重要的工作要做吗？正如你们所言，剩余的时间已经不多了，难道不应该担忧你们自己——先不说灵魂——吗？

说到剩余的时间，我写完收录在《大江健三郎小说》中最后一卷的系列连作时，也感到有必要总结一下作为小说家的一生。使我产生这个想法的契机是，儿子光经过长期创作积累起来的曲子由充分理解他的演奏家们演奏，并且制成 CD，直接开启了他与社会之间相互理解的通道。从他成长到开始作曲阶段，尤其是在《新人啊，醒来吧》以及相关的作品中，我至少有二分之一的创作动机基于描写他的内心和我们一起生活的精神状况。作为我来说有一个愿望，就是想借助普通开放的语言媒介,把仅仅在家庭内靠少量语言和动作,以及他的**存在**方式本身来自我表达的光表现出来。然而,当他的音乐与媒体结合,我就感到自己作为代理表达者的作用是多余的。

而且,对我而言,我才需要担心自己的灵魂问题。剩余时间真的越来越少!结合这种物理上的紧迫感,我还有一个长期遗留下来的有关小说叙事的课题。我也产生这样一个疑问,虽然是小说技巧的问题,但不仅如此,一旦用这种小说的叙述方式讲述灵魂的问题,会不会在没有找到课题的最终解决方法之前就已经表达了呢?

也就是说,在自己的大脑中尚未深思熟虑之前,开始小说的叙述并非不可能。长年的小说家经验形成的人生习惯会不会在迎接死神到来之前也没有好好思考终极的问题呢?与此相反,也存在只有依靠小说才能深度思考的问题,那是依靠小说的组织力量,超越小说家的意识而实现的。这也是我从小说家的人生习惯中了解到的。

我打算在日趋减少的剩余时间中,向前迈进一步。而且,我并非没有意识到作为无信仰者的浅薄,总之,在斯宾诺莎的"神"的定义面前,我感到使自己无限自由,使自己梦想进一步深化的东西。所以,我祈求有效地利用时间，只是为了阅读这位思想家和研究他的书籍。于是，我从1994年年初开始阅读斯宾诺莎的著作。我要抛弃通过小说的叙事来思考最切实问题的态度，全部精力集中于斯宾诺莎。转换必须迅速。而且，内心早已高涨的水位推动转换的水车，比我预想的更快。

在此期间，武满彻患上了难以克服的重病，经过与疾病进行勇敢的搏斗后，终于比我们先行而去了。在病床上，武满为了把剩余的时间集中在音乐上，如同剪掉从中心计划周围长出的羽毛一样，确定了新的构想。我再一次看到了那个从宇宙、世界、人类社会以及个体内部，寻找与巨大沉默抗衡的声音的身影。我看到一个身影，正在昏暗中清晰把握那从未有过的、深不可测的、昏暗的内心。守候这个身影以后，接触到他的死，我心中涌起一个新的念头，现在对我来说，只有作为小说家的习惯是实实在在的，如果不了解这一点，就无颜站在永恒的武满彻面前。

小说家是如何炼成的？
——大江健三郎《我的小说家修炼法》译后记

又到一年一度的诺贝尔文学奖揭晓的季节，在这场狂欢中，大江健三郎的名字也不断被人提及。大江健三郎获诺贝尔奖已经过去了 25 年，他的作品也接连不断地被翻译介绍到中国。中文读者不断加深对大江文学的理解，大江健三郎研究也成为外国文学与世界文学研究的显学。面对大江健三郎这样的文学巨匠，我们对于他的文学又了解多少呢？回望大江健三郎的创作生涯，1958 年他以小说《饲育》获得日本纯文学大奖芥川奖，成为日本战后新生代作家的代表，一直处于日本文学的最前沿。1994 年，他以《个人的体验》、《万延元年的足球队》、《M/T 森林的神奇故事》、《致令人怀念岁月的信》、《燃烧的绿树》等作品获得诺贝尔文学奖。获奖之后，他改变了一度宣布封笔的决定，又创作了《燃烧的绿树》（第三部）、《空翻》、《被偷换的孩子》、

《二百年的孩子》、《愁容童子》、《优美的安娜贝尔李》、《别了，我的书》、《水死》、《晚年样式集》等十几部长篇小说。他以旺盛的"老年力"继续领跑现代日本的纯文学创作。他的作品以青年的苦闷、政治与性、与残障儿子的"共生"、灵魂的救赎、人类的命运等为主题，以独特的文体、丰富的想象力等不断创新的小说形式，使日本文学走向世界，成为世界文学的一部分。从大学时代登上文坛，大江的创作生涯至今已经过去60个年头。2019年9月刚刚出版完毕的小说集《大江健三郎全小说》，由获诺贝尔奖后的1997年出版的10卷增加到15卷。60年来，大江健三郎笔耕不辍，发表了一部又一部纯文学作品。这在世界文学史上也算是一个奇迹。

《我的小说家修炼法》也是大江文学转折期的重要理论著作。正如有人想了解大江健三郎是如何获得诺贝尔文学奖的，我们更想知道他是如何成为一个优秀作家的。那么，小说家大江健三郎是怎样炼成的呢？这本《我的小说家修炼法》从正面回答了这个问题。

1994年59岁的大江健三郎即将完成"最后的小说"——《燃烧的绿树》，智力残障的长子大江光也出版了CD，受到音乐界承认，成为作曲家。以此为契机，即将迎来花甲之年的大江健三郎宣布封笔，从此不再写小说。可是,"小说之神"却特别眷顾他。这一年的 10 月,瑞典科学院宣布大江健三郎为本年度诺贝尔文学奖得主。1994 年 12 月,大江在斯德哥尔摩的授奖仪式上,发表了纪念讲演《我在暧昧的日本》。朝日新闻出版社出版了他的文学评论集《小说的经验》。大江健三郎获得诺贝尔文学奖后,作为亚洲第三位获奖作家受到世界的关注。他的作品在日本不断再版,出版社联系大江出版全集的话题也接连不断。大江不为所动,只答应为新潮社编选《大江健三郎小说》。对于编全集,他有自己的标准。他说:"我不希望自己死后连断简零墨、只言片语都编到全集中去。"(《我的小说家修炼法》)大江健三郎亲自为新潮社编选的 10 卷本《大江健三郎小说》于 1996 年 5 月开始出版。这套小说集收录了大江 1996 年之前创作的全部小说中的百分之八十。大江按照编年顺序精选出了自己满意的作品。在小说集出版的过程中,按照每一卷附一个《月报》的形式,刊登一篇大江回顾创作的文章。大江为小说集的《月报》连续写了 10 篇文章,通过一个小说家的人生经历,回顾了自己的小说创作历程。这些文章结集成书,书名为《我的小说家修炼法》,1998 年 4 月由新潮社出版。这本书被大江健三郎称为自己"唯一的自传"。在该书出版之际,大江健三郎特意写了下面这段话:

> 这本书的起始是我打算用《我就这样成了一个小说家》这个题目给普林斯顿的学生讲课。因此,可以把这本书称为我唯一的自传。但是,书中回溯了获得每一个方法的过程,所以,袒露个人心声的色彩并不浓厚。即便如此,我生活成长的时代背景也在书中呈现出来。书中也透露出我意外真挚的表情。小说家的方法就是这样的吧!
>
> (大江健三郎《我的小说家修炼法》腰封题词)

这里所说的"给普林斯顿的学生讲课",指的是 1996 年 8 月至翌年 5 月,大江健三郎受邀作为普林斯顿大学的客座教授为学生讲述文学。

大江给读者讲述的是"我这样一个小说家是如何修炼成的"。正如他自己所说,"书中回溯了获得每一个方法的过程"。大江健三郎在书中反复强调,出生在日本偏远乡下的四国山谷森林中的村落,影响了他童年时代观察自然和认识世界的方法。他从小就学会"从一滴水中"观察自然的奥妙,从四国的山村中想象国家和世界。他的"从边缘到中心"的小说方法也来自他对故乡山村的想象,他在作品中反复描写了这个"乌托邦"世界。孩提时代祖母给他讲述当地农民起义的故事,培养了他讲故事的能力,也给他提供了文学的

"讲述法"。少年时代的军国主义教育,成为他反思日本的侵略战争,反对天皇制,维护和平宪法的依据。从《万延元年的足球队》中我们可以读出大江对日本近代史的反思,参与"反对日美安保条约运动"的经历。从他的《广岛札记》和《冲绳札记》中,我们更清晰地看到大江关心历史"介入"现实的身影。在但丁、艾略特、奥登、布莱克、叶芝这些"诗人的引导下",他找到了小说的文体,语言的风格和叙述的技巧。阅读是大江获取小说方法的最大途径。如何使自己的小说创作长盛不衰,他的导师渡边一夫告诉他,要通过集中阅读来提升自己。从大江文学中的引用,读者也会发现大江是一个博览群书的作家。他熟读二十世纪的西方文学,通过阅读和自己的创作实践,发现了"引用的力量","引用"成为他后期小说创作的主要方法。大江健三郎小说创作的最大转折点是他找到了俄罗斯形式主义的小说方法,甚至,发现了通过改稿创造陌生化文体的方法。这样的探索始于结构主义在日本流行的时期,与同时代知识人山口昌男、武满彻、谷川俊太郎等人的交往,使他不断完善文化人类学的理论方法。1978年出版的《小说的方法》就是大江结合自己的小说创作借鉴结构主义所做的理论思考。《我的小说家修炼法》延续了大江对于小说方法的理论探讨,他通过对自己的小说进行解读，回顾了自己不断进行小说革新的创作历程，总结了经过创作验证的小说方法。《我的小说家修炼法》这个书名是典型的大江健三郎式陌生化的句子。日语原文《私という小説家の作り方》这个书名由"我""小说家"和"制作法"这三个关键词组成。日语助词的使用使这个句子显得有些特别。尤其"という"这个词在日语里，用在两个名词之间，表示"被称为""××叫作××"的意思。或者表示同格，表示"这个""这种"的意思。"私という小説家の作り方"这个句子可以直译为"我这个小说家的制作法"。关于这个书名，迄今为止通行的译法有三种。其一是《我的小说家历程》（王志庚译，河北教育出版社，2001），其二是《如何造就小说家如我》［王志庚译、刘惠祯审定，（台湾）麦田出版社，2007］，其三是《我这个小说家的历程》（许金龙译，《大江健三郎讲述作家自我》，金城出版社，2012）。三者对于这个句子中的关键词"作り方"的理解出现的偏差，在于是否理解大江对于"人的物化"的表现上。按照大江健三郎式陌生化的方法来理解，"我"或者"小说家"都像物体一样是"制造"出来的，他探讨的就是如何制造的方法。本书题目翻译为《我的小说家修炼法》试图凸显出大江对于俄罗斯形式主义"陌生化"这一小说方法的探索。《我的小说家修炼法》强调"我"这个人称代词也体现出大江健三郎对于如何书写"自我"的思考。本书的第八章"成为虚构装置的我"叙述了大江健三郎探索如何超越日本近代文学的"私小说"传统的过程。日本读者阅读大江的小说，尤其是描写大江健三郎与智力残障的长子大江光"共生"的作品，大多都会与日本传统的"私小说"联系起来。大江强调自己的小说方法就是解构"私小说"的范式，"纠正和修补私小说的形式带来的弊病。"（《我的小说家修炼法》）他找到了创造新文体的第一人称"BOKU（我）"这一叙述手法，认为"选取作为叙述者的小说家的现实生活和内心世界呈现出来，这才是私小说的典型模式。"（《我的小说家修炼法》）他强调虚构性和写实性都是"私小说"应有的特征。

阅读本书，我们可以从中了解大江健三郎独特的写作秘密。我们也就理解大江为什么毕生都在探索小说的方法，因为他就是这样修炼成了日本文学乃至世界文学的优秀作家。本书包含了大江健三郎文学的大量信息，是阅读和研究大江健三郎文学的参考文献，也是文学研究和文学创作的重要参考书。

《我的小说家修炼法》已经有一个中文译本。2000年大江健三郎访华之际，由河北教育出版社出版的

《大江健三郎自选集》中收录了国家图书馆研究员王志庚的译文。近20年来，这个译本成为中国大江健三郎研究的重要参考书，也为后续译本提供了参考。五年前，承蒙大江健三郎研究专家许金龙先生推荐为南方的一家出版社翻译此书。此书涵盖了大江健三郎60年的人生经历，涉及作者的主要作品，其中引用了大量欧美作家的作品，翻译难度很大。有了翻译《小说的方法》的教训，我决意认真研读后，再动手翻译。大江健三郎的文章具有独特的文体，他有意陌生化的句式曲折缠绕，理论思考的句子往往具有独特的含义，如何断句都需要反复斟酌。我试图呈现大江的文体特点，所以，在翻译过程中，力图做到忠实原文、通顺的前提下，尽量体现大江的文体特点。但因种种原因本书未能出版。这次中央编译出版社决定把《我的小说家修炼法》与《小说的方法》一起出版，以期为读者提供新译版的《我的小说家修炼法》。感谢中央编译出版社的朱瑞雪编辑为本书出版付出的心血，衷心期望读者的批评指正。

王 成

2019 年 10 月 13 日

于清华园